用一年时间重启人生

THE PIVOT YEAR

［美］布里安娜·威斯特 著
Brianna Wiest

苏西 译

清华大学出版社
北京

北京市版权局著作权合同登记号 图字：01-2024-3856
First published in English under the title The Pivot Year by Thought Catalog Books.
ISBN:1949759624
Copyright © 2023 by Brianna Wiest
This edition has been translated and published under licence from Rightol Media
此版本仅限中华人民共和国境内（不包括中国香港、澳门特别行政区和台湾地区）销售。未经出版者预先书面许可，不得以任何方式复制或抄袭本书的任何部分。

本书封面贴有清华大学出版社防伪标签，无标签者不得销售。

版权所有，侵权必究。举报：010-62782989，beiqinquan@tup.tsinghua.edu.cn。

图书在版编目（CIP）数据

用一年时间重启人生 /（美）布里安娜•威斯特 (Brianna Wiest) 著；苏西译. --北京：清华大学出版社，2025.4（2025.7重印）. -- ISBN 978-7-302-67881-6

Ⅰ. B848.4-49

中国国家版本馆 CIP 数据核字第 2025BN6394 号

责任编辑：左玉冰
封面设计：赵晓冉
版式设计：方加青
责任校对：王荣静
责任印制：宋　林

出版发行：清华大学出版社
　　　　　网　　址：https://www.tup.com.cn，https://www.wqxuetang.com
　　　　　地　　址：北京清华大学学研大厦 A 座　　邮　编：100084
　　　　　社 总 机：010-83470000　　　　　　　　　邮　购：010-62786544
　　　　　投稿与读者服务：010-62776969，c-service@tup.tsinghua.edu.cn
　　　　　质 量 反 馈：010-62772015，zhiliang@tup.tsinghua.edu.cn
印 装 者：河北鹏润印刷有限公司
经　　销：全国新华书店
开　　本：126mm×203mm　　印　张：11.75　　字　数：213千字
版　　次：2025年5月第1版　　印　次：2025年7月第3次印刷
定　　价：59.80元

产品编号：105575-01

将这本书献给

梦想着更伟大事物的人
迈步向前吧,道路自会显现

译者序

这是我翻译得最慢的一本书。

没错,做译者这十几年来,这本《用一年时间重启人生》字数最少,用时却极长。记得刚拿到原书时,日历般小小一册,每日一篇,一篇一页,而且每页上的文章,字数最多不过整段,最少的甚至只有一句。我翻着书页,心中暗喜:"这么点儿小东西,岂不两周就能译完?"

两周,变成了四周,四周又变成了好几个月。开工译这本书时还春寒料峭,待到初稿译完,又几经修改打磨,正式"交作业"时已是明媚的六月天。

为什么这么慢呢?

后来我也反复思索这个问题。按理说,这是我第二次翻译布里安娜的作品了,她的思路、表达方式,甚至写作习惯和声气音韵,我都已经非常熟悉,但为什么还这么慢呢?

起初,我想到了一个原因。大概正是因为短吧——除了写文章之外,布里安娜也是一个诗人,如果说她诗性的语言在"疗愈三部曲"的第一本《翻越你的山:从自我破坏到自我掌控》中还不太明显,那么在这本《用一年时间重启人生》里则表现得淋漓尽致。这散文诗一般的形式,篇幅越短,文字越要凝练。再结合疗愈和成长的主题，简单一句话背后，常常蕴含着多重深意，把英文变成中文的时候，遣词造句便需要慎之又慎、想之又想。不过，短，不等于少。这小小一册书，就像一杯至浓的意式咖啡，那复杂交织的迷人香气，既安抚心神又提振精神的醇厚滋养，皆来自高压之下的萃取和浓缩。

但我总觉得，应该还有其他的因素。后来，也是在跟编辑的一次聊天中，她的一句话让我找到了根本的答案。我当时念了一段译稿给她听，听完之后她说："我感觉像在做瑜伽啊！"

是的，瑜伽。

每一本书，都自带独特的场域。而这本《用一年时间重启人生》的气质，真的就像一场瑜伽，缓慢，舒展，悠长。一翻开它，就会不由自主地慢下来。我们跟着布里安娜的声音，慢慢地，努力地，一点点地拉伸许久不曾动过的肌肉，一点点地延展本应属于自己的空间。

每天一点点。

一天，两天……三百六十五天。

一点点地，成为你真正想成为的人。

疗愈和成长，本来就是慢慢来的事。

人们爱说"从前慢"——从前的日色变得慢，车、马、邮件都慢。其实现在也可以慢，而且也应该慢。在一个步调越来越快的世界里，让自己慢下来，这是一个充满勇气和力量的主动选择。

至少，在疗愈上是这样，在成长上，也是这样。

因为主动权掌握在我们手里。

走得慢一点，走得稳一点，有时候停下来也没关系。因为疗愈不是一次性的事，而是一个持续的过程。慢，也不等于少，因为成长不是线性的，不是速度和效率的游戏。在成为真正自我的过程中，我们需要耐心，需要笃定，需要信任——信任这个过程，也信任我们自己。

不着急啊，让我们慢慢来。

苏西
2025 年 1 月

前　　言

我希望，就在这一年，你改变了你的人生。

不是以浮泛的方式，不是在表层上腾挪一番，然后疑惑为何在深层次上无甚变化，也不是那种随大流的方式。不是把你和一大堆常见的成功标志牢牢地绑在一起，表面上，你在取得的成就旁展露微笑，可内心却因内疚和遗憾而苦恼万分。

我希望，就在这一年，你改变了你的人生——以你长久以来暗自渴望的方式。就在这一年，你发现，那些在你心中徘徊良久的、静悄悄的梦想，实际上正是你平行生命的回声，是你酝酿已久的故事，它们央求你把它们讲述出来，朝着它们勇敢地纵身飞跃，把它们从你的头脑中带出来，显化为看得见摸得着的、活生生的现实。

我希望，就在这一年，你改变了你的人生——以唯有你才能做到的方式，以唯有你才拥有的力量。我没有办法替你做。这本书中的文字也没有办法替你做，它们只能像老朋友一样，或是从远方、从内心深处传来的讯息一样，鼓励你、指引你。我希望你更加关注自己在阅读时的感受，而不是从字面上看到的意思。我希望这每日一篇的编排能让你适时地暂停下来，认真地想想那些看不见的、可能被你错过的机会之门。我希望你不要害怕，大胆地向内寻求——那个空间是你整个人生的诞生之处。

我希望就在这一年，你不再绕着这些问题的外围兜圈子：你想成为谁？此生你想做什么？我希望就在这一年，你能学会不去遵从所谓的"合理"，而是在你自己设计出来的世界里构建出理性。我希望就在这一年，你会发现，大地会稳稳地托住你——不止是当你站在原地不动的时候。每当你迈出一步，无论朝着哪个方向，它自会升起来承托你，就像它一直所做的那样。

我希望，就在这一年，你能意识到，所有的事，或者说你生命中的每一件事，都可以更轻松、更自在地发生——如果它们与你灵魂的真正意图和谐一致的话。我希望就在这一年，你开始从内心深处渐渐地领悟到这些真理。我希望，就在这一年，你能寻获最大胆、最无畏的勇气。我希望就在这一年，你勇猛无惧地走进一直以来原本就属于你的人生。

在你心中，始终存在着一幅更美好、更广阔的人生图景，只是世界令它渐渐褪色。

是时候再一次看见它了。

是时候再一次真正地活着。

布里安娜·威斯特

第 1 日

你用来应对今日的勇气，将会成为你明日面对的命运。你是继续重播昨日的记忆，还是欣然迎接当下，并把此时此刻摆在面前的种种资源运用到极致呢？这并不是要你把个人意志强加于命运之上，而是充分地进入在你面前呈现出来的每一刻。不是去构建一个明确不变的单线故事，而是创造如马赛克一般的人生体验：随着内在世界在现实世界中的逐渐展现，这些体验不断成型，不断演化，不断铺展，最终展露出宇宙的片段——它需要通过你来显化成真，而且就是在此时、此地、以此种形式。你此时所处的位置，恰好就是你该在的位置。今日，就是你再次重启人生的完美日子。

第 2 日

"不知道"里蕴含着莫大的力量。不知道接下来会发生什么,不知道该如何做决定,不知道如何才能去往那个你知道自己想去、也需要去的地方。每一个时刻都蕴藏着机会之门,当你选择一扇门,走进去,就能把一度不可见的现实变成切实可见。当你不知道接下来会发生什么,也就踏入了一个充满无限可能性的国度。与其努力把人生规划得安全无虞、清晰明了,还不如开始规划眼前的这一刻,去规划欢乐,规划旅程。与其仰赖自动驾驶模式,还不如学着始终去欢迎这个不断变化着的、充满无限可能的当下。当你终于承认自己不知道接下来会发生什么,你就踏入了"黄金漩涡"之中——也就是那个位于"你知道自己此生注定要去做的事"与"你曾经设想的一切"之间的空间。

第 3 日

终有一日,你会领悟到,幸福并不是你的房子看上去怎么样,而是你有多爱屋檐下的家人。幸福不是在某个特定的时间寻获了成功,而是寻获了某种令你如此深爱的事,以至于时间这东西好像都消失不见了。幸福不是认为自己已经得到了全世界的肯定,而是每天醒来时都会感到深深的安宁,你静静地期待着即将开始的一天,不会为别人如何看待你而纠结挂怀。幸福不是拥有最好的一切,而是能够充分利用一切。幸福是知道自己正在运用天赋,做着力所能及的事。幸福不是等到每个问题都终获解决、样样事情都完美地各就各位之后才会降临的感受,其实,每一朵乌云都镶有银边,而幸福就蕴含在银边之中。那道银边提醒我们,明亮的日光始终都在——如果你肯放慢步伐,就能看得见。

第 4 日

自我保护，就是学着在"感受"与"反应"之间暂停一下。如果在感受与反应之间没有觉知存在，那么任何事都能控制你。练习这种暂停。将"你感受到的"与"你做出的反应"之间的空间拉大。去决定哪些事值得你投注能量，因为你关注哪些事，就会为哪些事赋予能量。

第 5 日

有两条河始终不断地流经我们,一条携带的是外部世界的所有声音,而另一条只有一个声音——那是我们内在的指引之声。第一条河如此汹涌强劲,水流既持续又稳定,始终充满各种各样的指令、指导和预警。我们绝大多数人都无意识地生活着,被这条河流席卷、裹挟,冲到一个又一个的转折点,去追求一个又一个别人告诉我们的目标。到最后,我们低头一看,却发现两手空空。我们的人生被一条故事线串联在一起,可这条线却并非由我们写成。当我们看不见内心的指南针,迷雾便会升腾起来,遮蔽我们对当下的觉知。困惑、犹豫和迟疑压在我们的双肩上。我们没办法引领自己前行了,因为这两条河在朝着彼此咆哮:以美德诱惑我们,以堕落震慑我们。渐渐地,我们努力变成别人希望我们成为的样子,可这种僵硬的感受也在消耗我们,这与我们内心深处那柔软鲜活的、热情洋溢的真实模样形成鲜明的对比。然而,无论第一条河的声音有多么震耳,我们始终能听见第二条河的轻声召唤。我们的人生始于这一天:虽然我们同时也能够听见,有些时候还会听从第一条河传达的讯息,但我们选择遵从内在的智慧。对智慧的初次领略,就是认识到"真理散布于各处"的那一刻;将这两条河中的任何一条描述为全然的坏或全然的好,都无异于摒弃了我们的内心真诚地想要呈现出来的深度与美。人生的旅程并不是在这两条河中作出取舍,而是知道应在何时倾听并跟随其中的一个。

第 6 日

你不会渴望内在没有的东西。渴望是一种向外的投射，它与内在的潜力是成正比的。这个世界上有那么多的可能性，那么多引人热望的东西。想要的东西那么多，然而，就是有那么一个特殊的愿望唤醒了你的内在。极少有事情能令你如此动心，以至于对它的渴望会让你有点不舒服。你的渴望，是"真正的你"不可或缺的一部分，即便你没有意识到它的存在，即便你的"小我"故意不让你意识到它的存在。你在等待的，其实是自己对那座必攀之山接纳的意愿——攀登那座山，是为了把那些渴望从内心最深处拉拽出来，并在你栖居的这个世界中，把它们创造成型。

第 7 日

或许你需要找到的并不是更多精力，而是一个梦想——一个让你在早晨打心眼儿里想要起床的梦想。或许你需要找到一件滋养大过消耗的事。或许你需要停下来，别再费力地把上百件无足轻重的事情做得娴熟无比，而是最终选定能够照亮你灵魂的那一件——那件事召唤你去冒险，要你把最真诚的内心袒露出来，它要你去一再尝试，哪怕你真的很害怕。你失败不是因为你没有动力。在一条不属于你的道路上，你原本就不会走得太远。

第 8 日

你或许以为,一个至为充实的人生,意味着看遍世上的每一个国家,一时兴起就辞去工作,或者不顾一切地陷入爱情。可实际上,它只是意味着,你知道如何稳稳地站在当下。它意味着,你渐渐学会照顾自己,学会安住于自身。你渐渐学会构建起一个令你感到自豪的简单生活。在至为充实的人生里,未必全都是醍醐灌顶的事,反而是一些能让你得到以下领悟的事情:它们渐渐让你确信,"慢下来也没关系";你不需要时时刻刻都必须证明自己;你不需要永远保持战斗状态,或是无休无止地追求更多;就让事物是它原本的样子,这就很好。一点一滴地,你渐渐看到,人生在外部世界的生发与伸展,是与内在世界的稳定性成正比的。如果我们没能先在小事中品出欢悦,"大事"就不会充分铺展开来。

第 9 日

无论你认为自己此刻的痛苦有多么深重,它必定无法胜过你日后将会体验到的安宁。有朝一日,这安宁必会降临。它也必定无法胜过你日后将会感受到的欢悦。有朝一日,你终会知晓欢悦的滋味。你会再次爱上生活,而且它必定会比之前更好,因为你会成为一个不同的人:你会重视那些真正重要的事,不再鲁莽地作出决定,不再那么容易被他人左右,不再不假思索地轻信。你会更加诚实地面对自己、面对生活,而这份诚实将会化作更加清晰的边界、更加稳固的地基。你必定会变得更加强大,以最出乎意料的方式。因为这一点,你的幸福感必会变得更加真实纯粹,更加显而易见。这些变化不会在一夜之间发生,然而在你回首之际,那感觉就像是一夜之间。就像季节的更替一样,一切改变都非常缓慢,可忽然有一天,你已经稳稳地站在了"日后",置身于想要的生活之中,而当初你曾经那么担心它永远不会到来。你经由了这一切,已经不再是从前的那个你,因为有些东西也同样经由了你,并清除掉了那些你甚至都不曾意识到的、挡路的障碍。

第 10 日

这段旅程的真意,不在于你如何放下肩头的重负,而在于学着不再将它们扛上肩头。它不在于你何时决定停止某些行为,而在于你不再做那些事的决心有多大,比如,继续将某些习惯、某些人、某些念头、某些行为留在生命中,而你明知它们只会将你引向自我毁灭。它的真意还在于,放开那些熟悉的痛苦,认识到自己已经具备足够的力量,从此不再需要情绪的拐杖,尽管它们曾经安抚过你,分散你的注意力,在你最需要的时候给过你支持。如何向前走才是你应该追求的目标。

第 11 日

你不需要对人生中的一切都心怀感恩。你不需要对那些你竭力挣脱的处境、你不知道的东西、你付出太大代价才学到的功课心怀感恩。你不需要为不公心怀感恩，不需要为生活在一个不重视尊严、失去灵魂的世界心怀感恩。但是，即便当你身处暴风雨的核心，如果你眼前偶然闪现出一缕感激的微光，我希望你能抓住它。我希望你能明白，它就像其他任何事物一样真实。我希望你能把力所能及的、最多的关注给它。我希望你能记得，乌云的银边预示着必会到来的晴明日光。我希望你知道，你没有对人生中的一切都心怀感恩，并不意味着你对任何事都不知感恩。我希望你能允许自己涵容更多的真相，因为人生的真相不止一个：并不是人生的每个阶段都要讲述同一个故事，并不是此生的每个片段都要自始至终地延续到最后。你完全有可能得到更多，即便过往的经历并没有让你看到这一点。我们最宏伟的梦想与最深层的恐惧有可能同时并存，其中一个的存在并不会否定或削弱另一个。当你带着全然的臣服来尊重当下的处境，就在这一刻，你向着人生想要给予你的下一段体验敞开了心扉。

第 *12* 日

疗愈你与当下的关系，与此刻的关系，与这个有限空间的关系——在这个空间中，你的眼瞳可以收缩起来，看见恐惧，也可以舒放开来，意识到你正是这个广阔无垠的白日幻梦中的一分子，若是没有你，世界的构造将不复如前。解开身上的束缚，自由地投入这个幻梦之中，跟随内心最深层的召唤，因为它要带领你做出的那些行为，将会持续不断地将你的人生编织进人类的故事。若是没有你，所有一切，而不是单一的某件事，都不再将是原来的样子。你不可或缺，无可替代。你来到这里，是为了做那些唯有你才能做到的事。

第 13 日

你告诉人生你想要什么，人生会告诉你如何得到它。当你想要灵魂伴侣，人生说，"但你身边这些人不是"，你一定要听进去；当你想要成功与丰盛，人生说，"但你现在这做法不行"，你一定要听进去；当你想要归属感，人生说，"但在这儿你找不到"，你一定要听进去。表面看来的拒绝，往往是重新定向；当你想要一个宏大精彩的人生，就不能总是紧抓着局促平庸的那个不放啊！

第 14 日

去靠近这样的人吧:他们拓宽你的可能性,相信你的潜力比目前的能力大一点。去靠近这样的人吧:他们让你想起你注定要成为的那种人,他们让你的灵魂舒展开来,让你感受到真实。去靠近这样的人吧:他们让你想起自身蕴含的美好,他们帮你更加热爱生活。去靠近这样的人吧:他们给你的滋养大过消耗。这些微小的征兆以各式各样的面貌出现,但绝非微不足道,它们正是灵魂伴侣的标志。

第 15 日

请你宣告：从此，我决不再为自己制造痛苦。如果在这世上我再没其他朋友，那么我就做自己最忠诚的友伴。我决不背弃自己。如果有不少人爱我，但有一个不爱，那么我决不把过多的注意力放在他身上，我不会去谋求他的爱。我会带着同理心与自己对话。我决不把生命耗费在那些只会让我不快乐的事情上。从此时此刻开始，我站在自己这一边。

第 *16* 日

面对人生的静寂时期,也就是灵魂经历寒冬之时,你可能会感到害怕。然而,最深远、也最具人性的功课往往正是在这样的阶段完成的。静下来。什么也别做。交响乐由静默与乐音共同谱就;画作由空白与颜料一同绘成。静与动要合在一起,才能赋予你智慧、洞察与清明的内心,帮助你以从未有过的勇气大胆向前迈步。

第 17 日

或许你应该信任那些失之交臂的缘分,那些未获应答的祈求,那些无论怎么看都应该属于你的、却终未抓住的机会。或许你应该信任那些尚未变得显而易见的微末征兆。或许你应该信任心中那微微的一沉,那些耗得你心神疲累的夜晚,那些看不见你的人,还有那些令你略感不适的场所。或许你应该学着去信任那些与你擦肩而过的东西,这样你就会开始信任那些稳稳降临在你面前的东西。或许你应该信任那些未成之事,因为它们或许是在努力引领你走向必成之事。

第 *18* 日

每一小时都是全新的开端,你只是没有意识到这一点罢了,直至你回想起生命中每一段升华灵魂、改变人生的经历都发生在某个普普通通的日子。顷刻之间,你遇到了永远改变你的世界的那一瞬:你找到了工作,订好了航班,签下了合约,你选择做出一个足以改变一切的改变。人们总以为,彻底的转变始终都很宏大,可事实上,它们往往更像是花园,由一粒粒在很久之前被你播撒下的细小种子萌发而来。

第 19 日

注定属于你的东西会出现在你生命中，并一直留下来。没有发生的事本来就不该发生；那个想象出来的人生旅程不会把你带到你想去或需要去的地方。如果你真的对自己诚实，在内心深处你是明白这一点的。在盲目的希望中，你心甘情愿地忽视了许多征兆。如果你把生命执着地绑定在那些"或许有可能发生"的事情上，就会错失那道一路承托你的稳定洋流。留心看，哪些东西留下了，哪些东西恒常不变，哪些东西始终都在。它们就是谱写你生命乐章的音符。

第 20 日

别人用他们想要的方式来看待你。这就好比你会把自己钦佩的人捧上神坛；对下定决心要爱的人，你会无视他们的一切缺点；对于身边最亲近的人，你觉得他们有最美的灵魂，也最容易原谅他们；对于那些你知根知底、一路看着他们走过来的人，你最能理解他们的想法，体察他们的感受。道理是一样的。别人用他们需要的和想要的方式来看待你。说到底，最重要的是你打算用什么样的方式来看待自己。

第 21 日

去呵护和滋养你身上最有才华的一面,把绝大多数时间投入到你最出色的优势上。你来世上一遭,不是为了"补短"的,也不是为了把每个可能的方向都涉足一试。你的某些部分就是永无可能充分发展,你来到世上不是为了栽培它们。

第 22 日

你已经捱过了每一件始料未及的事、令你心如刀绞的事、没按你心愿发展的事。你已经在彻底的未知中营造出了自己的生活,用你认为有用的碎片重建了全新版本的自己。人类灵魂那非凡的力量,你向来就有,一直都有。无论明天会给你带来什么,你都会带着这种力量走下去的。

第 23 日

仁慈，是坚如磐石的力量的明证。它表明，在这个尽一切可能让人变得铁石心肠的世界上，有人愿意保持一颗柔软的心。它是这样一种能力：无论世界对你做了什么，你都能接纳自己的情绪，稀释它，消化它，然后决定自己该怎么做，以什么样的态度回应世界，仁慈的人不仅仅是好人而已，他们是以独特的方式存于世上的英雄。这个世界待人往往并不仁慈，但他们不会以牙还牙。这种能力让他们成为催化剂，让最深层的疗愈得以发生。

第 24 日

你是高峰与低谷之间的那片平和安宁，是暴风骤雨背后永远静谧辽远的天空。你总是能恢复为真正的自己，总是能回到自身的真相当中。如果说有什么比幸福更好，那就是能领悟到这些，并带着这些觉知生活下去。你就是内心中那安全、稳定的一切。

第 25 日

我希望你能学会用这种方式活着：它让你感觉到，活着真是件开心的事。不过，你之所以开心，不是因为做了精彩的演说，拿到了奖杯，或是取得了世人眼中的成功，也不是因为你有朝一日能做到什么，而是因为你从最不起眼的微末小事中体验到了美。我希望你能学会用这种方式活着：想到即将到来的日子，想到你此生注定要做的事，你就感到兴奋和激动，无论那件事具体是什么，你都会运用你拥有的时间、资源、身体和生命去从事它。我希望你能学会真真切切地体验生活，经历生活，而非只是凭空设想你的人生应该是什么模样。我希望你能学会去感受它，用内在拥有的一切去感受它。我希望你能学会真正地活着。

第 26 日

要找到自己,就需要放下"你曾经认为的自己"。培养最深刻、最持久的灵感形式往往需要机械式地不懈坚持。想要找到适合自己的东西,你就需要明白,在不同的时期,适合你的东西是不一样的,它们会随着你的改变而改变。疗愈往往就是这样的过程:接纳人生体验中的矛盾性,拥抱它们,允许它们如其所是。

第 27 日

尚未觉醒的时候，你的力量全都表现在外在层面。你相信各种各样的系统、规则和结构，但这些东西丝毫没打算助推你离开目前所处的位置，去往你有潜质到达的地方。往往要待到你彻底精疲力尽、对这种世界观感到无比愤怒的时候，你开始向内寻求，发现了某种强有力的东西——也就是你内在的力量。当你刚刚觉醒，意识到这股力量的时候，你往往会过度使用它。你以为你就是自己的"神"，整个宇宙会围绕着你这颗小小的微粒运转，向你屈身，为你解体、重组。当你意识到，你执意想要创造的东西原来并不如想象中那般完美，你开始摆脱这个幻想。你开始把他人考虑进来，比如他们的时间和需求。你开始看到，原来你并不能把每一样事物都看在眼里，于是，你真正的人生旅程开始了，它犹如在两极之间起舞：你应该把握住的和应该放手的；必须尽力去争取的和必须允许发生的；何时应当说话，何时应当倾听；何时应当传授，何时应当学习；何时应当坚持自己的意愿，何时应当臣服于那条道路，那条道路远比你所能设想出的一切都伟大得多。这就是活着的真谛：理解你的自由意志，并且培养出敏锐的辨别力，从而好好地运用你的意志。

第 28 日

没有哪件事从一开始就能让人感到百分百"对路",因为在刚开始的时候,没有哪件事会让你感到完全熟悉。你往往没有意识到的是,你对"舒适"和"对路"的感知很可能建立在熟悉感之上。问题不在于某件事能否让你马上感觉到,它就是你确凿无疑的天命,而在于它能否随着你一同成长,能否给你发展、改变、变得更好的机会。这才是检测一件事对不对路的真正标准。不是看它能不能跟你立即合拍,而是看它的根能不能与你的根紧紧交缠在一起,并允许你全然地、尽情地绽放。它未必是那种在瞬息之间、出乎意料地发生在你面前的事,而是一直留在你身边的事。

第 29 日

你想创造的东西,也想通过你被创造出来;你渴望带到这世上的东西,也正是这个世界渴望你带来的。

第 *30* 日

最后,你不得不停下来,不再做那些毫无回馈的、只索取而不给予的事。你不得不停下来,不再竭力融入那些注定不属于你的地方。如果你打算把精力投注出去,那就投注给那些已见成效的事吧。投给那些已经在爱你的人,投给那些显现出潜质的事,投给那些能让你感受到饱满的生命活力的地方。人生传达给我们的讯息含蓄又微妙,它们隐藏在蛛丝马迹之中,在心弦的微微颤动中,在有趣的巧合中,在寻常生活与意外偶得的对照中。有时候,悄悄的低语最为准确。傲气、小我和诱惑的嗓门响亮得多,但它们往往缺乏真相所具备的完整与丰盛。倾听那句低低的"对,就是它",倾听那悄悄萌芽的声音,倾听那些不断生长的东西想要告诉你的事。

第 *31* 日

你是潜质的海洋。你无法想象你的能力有多么广阔,多么深邃,直到它遇到了测试。那一天,你被移到了边界之外,但那是你自以为的边界。从那天起,你不得不重新划定它。就这样,你找到了新的能量,找到了更好的节奏,你重新发现了你以为已经遗失的一切。生命之力永远不会真正离开我们,但它有可能会被压抑下去,直到我们的身体感到足够安全、可以再度出发的时候,它就会再度焕发活力。给自己足够的时间吧,因为你需要适应新常态。一天天过去,你会再度感到安全,你可以自由地呼吸,可以跨出舒适区,可以信任未知。渐渐地,你将重新驾驭住内在那个野性的灵魂,而这一次你会变得更加专注,也更加清楚自己的意图。你会更加清晰地辨别出,你想让哪些人和事进入自己的生活。你会带着更多的觉察前行。你会看到,你的能量何时发生了"泄漏",分散到了成百上千个不同的方向,令你无法将潜力充分发挥出来;你会看到,问题的关键从来都不是你有没有能力成为自己渴望的样子,而是一个简单的事实:你被干扰了。在你不知不觉的时候,周围的人把怀疑深深地注入你的潜意识中,这些限制性信念化作边界,你以为自己只能在这个范围里体验世界。你将会作出选择,决定哪些事对自己真正重要,哪些事是你趁活着的时候真心想要去体验的,然后,你会怀着爱意,在适当的时候,轻轻地放开其余的事。

第 32 日

你终要学会，该放下一些依然热爱、但已经不再适合自己的事。你终要学会，有些事在一定时期内是对路的，但不是永远。你终要学会，离开它们继续前行，并不等于抹杀它们在你心目中的地位、对你的重要性、以及它们曾经对你造成的影响。你终要学会，如果没在成长，你就没在真正地活着。如果你从未把任何事物留在身后，那么你也从不曾朝着目标前行。你终要学会放下一些依然美好的事，因为你知道它们并没有那么适合你，因为你知道某种更为深刻的宁静在等待着你。在你生命中出现又淡出的那些人、事和地方，都自有它们的目的，一旦它们的任务完成，你要能够继续向前，走进下一段体验。你终要学会，放手不等于失败，而是象征着完成：这是最真实的讯号，意味着生而为人的你正在不断进化之中。

第 33 日

如果你不知道接下来该做什么,这通常不是因为下一步远在天边,而是恰恰相反,它就在你的脚下。你需要收回视线,别再向外张望,而是要向内看;你需要重构自己,而且就从现在开始。如果你不知道接下来该做什么,这不是因为你需要寻找更多答案,而是恰恰相反,你需要接受手中已有的答案。如果你不知道接下来该做什么,是时候学着盘点一下,看看上天对你的祈祷做出了哪些回应。是时候学着运用你已有的东西,活出自己真正的模样。是时候停止等待了,别再等着未来的机缘把你的梦想带到阳光之下,你需要把它从内心的恐惧中挖掘出来,然后开始行动。真正行动起来。

第 34 日

当你需要某件事情发生的时候,它就会发生,而且时机恰恰好,一分钟都不会早。这种现象总是一再上演,对此你一定很惊讶吧。到了该采取行动的时候,能量就会来。到了该作决定的时候,你就会知道如何选择。到了该离去的时候,你会发现自己正在写辞呈。相信你自己。你不需要预测出前方道路上的每一个转弯,但是请你多一点信心,相信这个事实:你会被照顾得好好的,无论你发现自己身处在路程的哪一段。

第 35 日

它之所以令你感到心神不宁,是因为它想要挪动你,让你去往一个更好的地方,换一个更友善的想法,收获更深刻的觉知。它想要打开被你关上的心门,呵护生活给你留下的最疼痛的疤痕。它想要唤起你的原谅之心,让你看见他人当下的模样。它想要帮你免受过去的困扰,让你别再继续抓着旧日的印象不放,从而让往昔依旧历历在目。它想要把你带入当下,让你稳稳地站在此地。它之所以令你焦躁不安,是因为它是一个信使,而你还没有听见它要传达给你的讯息。它之所以执意要留下,不肯离去,是因为你需要它,即便你并不想要它。它之所以来到此地,是因为它的使命就是帮助你成长。直到你愿意让它帮你超越那个狭窄的局限,一个只活出一半的人生,它才会功成身退。

第 36 日

当我们发觉极难进入当下的时候,基本都是因为,对于那片宁静想要告诉我们的事,我们还没有做好聆听的准备。如果我们不愿诚实地面对自己,时间越长,我们的内在世界就越是嘈杂。当我们终于找到勇气,长时间地凝视着心魔的双眼,它们便会化作哭泣的孩子,只想要我们放他们自由。

第 37 日

如果你的灵魂只熟悉持续不断的混乱与喧嚣,那么对你最健康的事可能只会让你感到平淡乏味。最强烈的情绪未必最准确。

第 38 日

在伤口太痛,以至于没法梦想、没法希望、没法做长远打算的日子里,什么也别做,只是休息就好。在你生长的这个世界里,人们认定,唯有能用外在尺度衡量的才叫做成果,唯一值得做的事情就是生产让他人能消费的东西。无论思维多么殚精竭虑地想把这种刻板的信念强加给你,你的灵魂也不会被它愚弄。最终,你会听从内在的指引,那个部分的你知道,痊愈有多么重要,重新恢复完整有多么重要,反省和深思有多么重要,在繁杂的"做"与简单的"存在"之间取得平衡有多么重要。你需要按照自己的步调生活,遵从自己的节奏,这一点都没有错啊。事实上,从你内心深处萌生的某种东西坚信,取得平衡才是你最重要的事。你不愿再用过时的方式逼迫自己前进,这并非叛逆的标志,而是意味着,你在内心培育的灵性终于扎下了根。

第 39 日

你来到此地,是为了从未知中闯出一条新路。你来到此地,是为了违抗外界施加的期望,并创造出一个新常态。在这个新常态中,你发自内心地感受到自由,因为你不再把外在的困难视作无解的死结,而是发现自身复原力的机会——当你想办法应对挑战的时候,就是在培养这种默默无声的能力。你来到此地,是为了亲自感受活得酣畅淋漓的滋味,而不是去想象别人眼中它的模样。

第 40 日

与其认为你的每一项特质都不能改变,不如换个思路想想:身边的环境和日常生活激发出你各种各样的情绪状态,长此以往,它们就会渐渐显现出来,变成各种固定不变的所谓"本性"。当你处在最为安宁平和、心态开放、深受启发的状态中时,你周围发生了什么?当你没有处于这种状态中时,周围发生了什么?有没有可能,疗愈就是做出一些最微小的调整,然后看看它们的影响能够波及多远?

第 41 日

一生中你能放弃的东西有很多，但爱不是其中之一。你能放手的事情也有很多，在很多事情上，你都可以说自己错了，或是心里的希望太大了一点；在很多事情上，你都可以说自己已经年纪很大，不必再做了，或是你已经过了那个阶段，可以告别它们、继续往前走了，但爱不是其中之一。你一定要相信爱，直到道路尽头，我指的是真实的爱，真正的爱，诚实的爱。不放弃爱，意味着保持开放的心态，不去预设和限定它到来的方式和时机。不放弃爱，意味着接纳这一点：对爱最深刻的体验很可能和你预想的不大一样。不放弃爱，意味着你意识到，它不会把你从你的道路上拽开，而是会帮你站得更稳。它不会把你的想法视作完美无瑕，同时却不支持你成长。爱是愿意以最持续、最简单、最充满人性的方式来关照你。说到底，爱不是你在某一天忽然找到的东西，而是已经围绕在你身边的东西，你会学着渐渐看到它。随着你一天天疗愈自己，你将能够全然地"接收"它。

第 42 日

除非你能够直面内心中"自我贬低"的阴影,否则你会继续盯着外部世界,担心别人对你的爱不够全心全意,担心他们会让你感觉到,你不值得被欣赏,不值得被全然地、真正地了解,这是因为某一部分的你已经预先相信了这一点。即便你无法疯狂地爱上自身的每一个特质,你也必须找到办法与自己和解。你必须要相信,即便你还处在成长和改变当中,你也值得获得尊重。你必须学着用更加友善的眼光看待自己。

第 43 日

当你选择了你真心认为有意义和有价值的事,你成为了真正的自己。当日常生活中哪怕是最小的决定都体现出真实的你,当你能在思维插手之前就听从直觉的指引,你成为了真正的自己。当你允许自身最明亮的特质闪耀光芒,而且不会为此感到抱歉的时候,当你意识到,你自己的爱终于满溢在自己的人生中,而且这种感受无可替代的时候,你成为了真正的自己。

第 44 日

要想感受到幸福,并不需要得到太多,然而,我们确实需要一些实实在在的东西。它们能俘获我们的心,让我们感到浑身充满了生命的活力;它们让我们明白,我们此生来到这里是有原因的,是为了来体验那些只能被人类身躯触碰的东西,被人类心智理解的东西,被人类的心热爱的东西。当我们拒绝体验生而为人的真实感受时,就会去向外界寻求更多。但我们真正想要的并不是向外延伸得更广阔,而是向内走得更深。

第 45 日

放手本来就不是件容易的事。这么久以来,那些人和事一直占据着你的思维、时间和人生,如今要解开灵魂与它们的牵绊,原本就没有这么简单。它们曾经是你的一部分,你原本就不可能毫不费力地、无动于衷地与它们一刀两断、放它们自由。你原本就不可能把自己跟人生经历中最重要的东西分割得一清二楚。你愿意放手,这并不意味着你失败,也不意味着你无能,它表明你坚定地相信,就算还没能真正放下,就算在此时此地,依然有某些更伟大的东西等着被你看见。

第 46 日

每次做出选择的时候,你必须先问一个问题:这会对我的灵魂产生什么影响?是让我更加接近天堂般美好的"存在"状态呢,还是把我与这世界的痛苦锚定在一起?是让我更加接近我注定成为的那个人呢,还是令我偏离此生真正的功课?它让我付清了账单,却破坏了我的"存在"状态吗?它让别人赞叹连连,却让我内心深处的小孩失望吗?因为那个孩子正等着看我会如何运用自由。走到生命的终点时,我会因为这个选择而自豪吗?如果我今天就已经知道这个选择是对的,那么我是应该现在就做出决定,还是拖到不得不做决定的那一天?我能不能让自己免受这份纠结之苦?我有没有这个勇气?

第 47 日

你知道有多少个完美的瞬间在你眼前展现过吗？你知道自己已经拥有了多少吗？你知道你已经体验过多少个宁静的夜晚，有多少颗心爱过你，有多少人现在非常乐意接到你的电话吗？你知道自己有多么重要吗？你知道自己有多好吗？

第 48 日

想要判断你活得好不好,有个很简单的方法:
到户外走走,去看看花儿。花儿有多美?
凭这个你就知道了。

第 49 日

不要依赖任何人,但要学着去信赖你信任的人。把家变成你的安全空间。当你觉得没有一件事有动静的时候,正是一切可能性都在酝酿的时候。不要过于习惯混乱喧嚣,以至于安宁平和都显得不太对劲。爱是构筑而成的,"找到"的那种只能叫做吸引力。没人能拥有一切,但每个人都能拥有一些,把关注点放在你拥有的东西上吧。如果真能仔细去看,你就会对你的发现感到惊喜。

第 50 日

在"往日不再"与"未来尚未到来"之间的空档,正是我们人生的转折点。在这样的时期里,我们手中已经没有什么能抓住的了,然而该在哪里落地还看不清楚。正是在这种时候,绝大多数人再度退回到自己最熟悉、最陈旧的应对机制中,把"熟悉的"与"正确的"混为一谈。如果能寻找到勇气,在这种时期保持开放的心态,我们就会发现,我们创造出了一个机会,让奇迹得以找到我们,并且在我们的生活中扎下根来,彻头彻尾地改变我们。如果我们能寻获心灵中的弹性,让我们可以与未知安然相处,不需要先得到一切答案才能往前迈步,相信所有事情不管怎样都必定能走通,那么我们就能更加全然地活在当下,放下那些长久以来一直蒙蔽我们的幻象。

第 51 日

我们会觉得,别人好像总是一下子就梦想成真了。但事实是,每一件励志的好事都是随着时间渐渐累积而成的。每一件事都要经过持续不断的、有意识的选择,一次又一次,直到渐渐成型,显化成真。灵魂伴侣型的关系是逐渐建立起来的。梦想中的职业生涯是逐渐建立起来的。一个人的坚韧性格也是逐渐建立起来的。原材料往往是他最大的失败、最糟糕的错误、最离谱的失误。你不必非得做到完美。你只需要不断向前迈步。你必须不断朝着梦想的方向前进。

第 52 日

并非一切失去都是损失：有些失去意味着自由；有些失去还有第二次机会；有些失去是经过伪装的奇迹。有些失去是早就该做的断舍离，是呈现在模糊双眼前的清晰真相；有些失去是苦口的良药；有些失去是上天对你长久以来的不断祈祷给出的意料之外的回应；有些失去是对创痛的疗愈；有些失去是助力，把你塑造成你想成为的那个人；有些失去早在你降生之前就已经注定。有些失去确实是严重的打击，但还有一些是至关重要的指引，是对方向的修正——而你甚至都不知道自己需要它们。你甚至都没有意识到，你一直在渴望它们的发生。

第 53 日

你没做错什么。有时候,在白天你自信又笃定,到了深夜你却凝视着屋顶,心想难道一切就是这样了吗?但这种情况是难免的啊。有时候你会感到,有些日子过得飞快,几年好似几个星期,而有时几个星期却像好几年那般漫长。但这种情况是难免的啊。有时候你难免会遭到拒绝。有时候别人难免会不同意你。有时候你难免会感到迷茫。想要事事都有答案,这原本就不可能。你没做错什么。

第 54 日

你不会真正体验到安心的感觉,直到你完成了此生注定的使命。直到你遇见自己,把你身上最耀眼的特质找出来,高举给世界看。直到你完成了那件唯有你才能做到的事,以唯有你才能做到的方式。直到你把自己的天赋变成作品。直到你不再竭力向某种陈旧的"完美"标准靠拢,而是开始追求尽情绽放的丰盈人生。做最适合你做的事,完成注定属于你的使命。

第 55 日

人生是一张空白的画布,我们的潜意识在这张画布上描绘出灵魂的片段。真正重要的并不是呈现在你面前的东西,而是你从中看到的东西。这些东西才会把你需要知道的一切告诉你。

第 56 日

你想寻找的,并不是让别人来告诉你答案;你想寻找的,其实是反射回来的、你已经知道的东西。你已经知道答案了。

第 57 日

如果你有一颗正待疗愈的心，你需要记住，人生不是只有爱情而已，还有许多与它旗鼓相当的快乐呢，还有很多很多值得追寻的东西。即便爱情是你人生的一个组成部分，它也不是唯一的部分。这或许是因为，社会让你相信，唯有结婚生子才意味着圆满，它是重中之重，是唯一值得为之活着的事。这或许是因为，有些人是为了你好，不想让你经历他们自己害怕的事。但爱情不是放弃内在功课的理由。它没法解决你所有的问题，而且情况往往是，由于我们急着去找到它，反而让自己的心变得混乱困惑。"想拥有亲密关系"的压力会制造出情结，这会扭曲我们的自我感，直到情愫消散，联结断开。爱的存在形式有无数种，若是你以为它只有"爱情"这一种面貌，那么这种假设会让你脱离真实的生命体验，令你的痛苦变得浅薄，并把你此后的余生变成一场狂热的梦——这场梦非但不真实，还对人毫无益处。它把通往内在宁静的大门建造在了一块名为"他人承诺"的土地上，而不是带你回到这扇门真正存在的地方，也就是你自身具备的能力：你可以训练自己的心，让它在任一时刻都能感受到爱。我们对他人的幻想其实从来都不是"别人可以如何爱我们"，相反，这些幻想反映出来的是我们心中尚未觉醒的爱。它们让我们看到，我们需要的并不是找到另一颗心，而是要记得呵护我们已经拥有的那一颗。

第 58 日

一天下来,你可能会浮现出一些想把你引上岔路的念头。它们很可能在突然间不请自来,消耗你的心神。这些念头的强烈程度和出现频率未必相同,但它们总会以某种形式存在。你的任务就是,在它们还没来得及说服你、让你相信它们是正确可信的指引之前,就觉察到它们的存在。你一定要学着这样问问自己:这个念头打算把我带向何处?它给我带来更深层的澄澈感吗,还是扰乱了平静的水面?最富同理心的、最悲悯的、最有力量的那个自我会相信这个念头吗?我必须遵照它的指令行事吗?我愿意这么做吗?

第 59 日

要看你的人生过得好不好,不在于你是否能经常避开压力、不适或变化,而是看你能否以优雅从容的态度生活。这么说吧,如果你这辈子一次挫折都没碰见过,那这只能说明一件事:你什么都没做过。你没尝试过任何事,没支持过任何观点,上天给了你天赋,你却没拿它做点什么。我明白,世上最糟糕的事好像莫过于"别人不赞成我",但实际上最糟糕的是顶着"我没准能避开所有分歧"的名义,一步也不敢动弹。重点不在于你是否遇到过任何有挑战的事,而在于你以怎样的勇气去面对挑战。这才是最重要的。这才能定义"你是谁"。

第 60 日

当你发觉和伴侣的感情好像变淡了,此时你一定要提醒自己,切勿操控别人的命运。此时你一定要提醒自己,切勿把你对他的期翼与他自己的梦想混为一谈。爱一个人意味着允许他独立自主,意味着尊重他的道路,相信他有选择能力,知道自己想如何运用时间、如何运用这一生。学着这样去爱,是体验真正亲密的唯一方法。真正的亲密不是建筑在期望或需求之上,而是建筑在两个灵魂的自由意志之上:两个人都认为,最愉悦的事莫过于把能量投注在对方身上。这才是你真正期待的东西:发自内心的、清澈的爱。它不会让你质疑自己究竟值不值得被排在第一位,值不值得对方投注情感;当你选择这样去爱,它也会同样选择你。

# 第 61 日

与其把更多时间用来对付概念性的自我,不如走出头脑,去触碰生活。用跟以前不一样的方式做件事,哪怕只做一件就行。用最安静、最贴心的方式照顾自己。随着你拿出实实在在、确凿无疑、连贯一致的证据,告诉自己,你已经不一样了,不再是你曾经以为的那个人,你对自我的概念也会随之更新。

第 62 日

失去自我并不总是坏事。重点在于失去"某些版本"的自己,就让你的某些部分在自我转变的熊熊火焰中湮灭吧。你是注定要成长的:当崭新的证据与体验呈现在你面前,当你接受了新想法,解决了新问题,学会了新技能,听到了新观点,看到了更多世界的真实面貌,你就会成长。你原本就不应该一辈子始终维持一个模样。以后,每当有人对你说"你变了呀",你可以这样回答他:对啊,你怎么还没变?

第 63 日

并不是每一个人都会理解你的人生旅程,因为不是每一个人都有这种能力。并不是每一个人都能悦纳自己内心的热望,或是能暂时停下脚步,真诚地反思自己,也不是每一个人都能想清楚自己真心想成为怎样的人。你的转变只会反衬出某些人的停滞,映照出围住他们的那道高墙——他们认为,那是必不可少的防护堡垒,没了它他们就无法存活。看到别人的发展进步时,我们内心中会有两个部分搅得我们心神不宁:一部分的我们如此深切地渴望同样的改变,而另一部分的我们会使出同等的力气来抗拒改变。请你记得,你的人生经历是否有价值,与他人是否能理解并无干系。即便在整个世界上,你是唯一一个知道自己想往哪儿去的人,这也已经足够,大胆地去吧。

第 64 日

或许，你人生的这个阶段就是要用来做准备。或许，你需要慢慢积攒勇气，好迈出第一步。或许，你需要找到毅力，即便当你遭遇挑战、感到泄气，即便当你感到精疲力竭，好似永远也到不了目的地的时候，你也能继续前行。或许，你人生的这个阶段就是要用来观察的：去研究你想融入的那个世界，你想拥有的体验，你想成为的人。或许现在还不是时候，你本来就不该在此时抵达。或许在你心中还酝酿着某些尚未萌芽的梦想。

第 65 日

当你知道自己即将成为怎样的人,你会更容易与过去的自己和解。你也能更容易地剖析过往,吸收那些需要汲取的经验教训,然后放开手,让余下的东西自行消散。那些让你领悟到珍贵知识的人生经历都不是无用的,无论在刚开始的时候你有多么难受。它们不是浪费。你的苦不会白受,你的伤痛并非毫无意义。你已经完成了最需要勇气的功课——你看向内心恐惧的最深处,并且找到了希望,找到了意义,也找到了更深远的真相。

第 66 日

火焰只会烧掉那些原本就不属于你的东西。

第 *67* 日

你不一定要把自己的故事讲给每个人听。如果他们并未表现出倾听你、温柔待你的意愿，那你也没有义务把心中最真实、最坦诚的细节和盘托出。你完全可以把一些东西珍藏在心底，秘不示人。这不意味着否定自己，这是在保护自己。这是在提醒你，如今，把自己的生活事无巨细地大肆宣扬已经成了一种常态，而在这样的世界里，人应该运用辨别力，这是完全可以的。你完全可以慎重地作出选择，允许哪些人了解你最隐秘脆弱的心事。

第 68 日

没有人在一开始就勇敢。勇敢是从我们内心最深处挖掘出来的,而且往往是在迫不得已的时候。当你允许自己对某件事的爱比恐惧多一点的时候;当你让"可能性"的声音比"怀疑"响亮一点的时候;当你感到熟悉的犹豫感再度笼罩你,而你却选择即便如此也要行动的时候;当你决定,就算每次只能走一小步也要继续向前的时候,你都是勇敢的。当你意识到,这世上没有一个人能够毫发无伤地走到人生终点,心中不曾落下一丝疤痕——这也意味着心灵从未受到触动——你的内心一片澄明。当你意识到,活得完整意味着个性中的微妙与复杂都能获得包容,你变得勇敢了。当你意识到,你并不需要时时刻刻都保持镇定,但在慌乱和不确定的时候,你也能找到力量继续前行,此时,你变得勇敢了。

第 *69* 日

生命中有些时候，你不得不变得铁石心肠，才能熬过那些躲不过去的困境。你不得不变成另外一副模样，才能应付那些你永远不会主动选择的人生经历。但这些都不是真正的你。你是那个敢于直面这些空虚的部分、放下过去的人。你是那个不断提醒自己要继续前进、继续疗愈伤痕的人。你是那个依然站在此地的人。

第 70 日

最吓人的念头,莫过于你想舍弃手中的"挺好",去追求期待中的"卓越"。但在这一刻,你没有意识到的是,其实你已经做出了决定。接下来你需要面对的,是让自己适应这个决定,同时处理脑海中那一大堆纠结、争辩和解释,然后去应对这个决定带来的结果。归根结底,你早就知道答案。你并不是在寻找答案啊,你是在寻找勇气。

第 71 日

那些小小的不顺畅、总也对不上的时机、从你指尖滑过然后永远消失的东西……它们不一定意味着混沌、失序，或是某些事情搞砸了，而是预示着某种清明灵慧的东西在悄悄介入。有时，请你信任这样的衰颓，因为在废墟之中，有某些更为重要的东西正在渐渐成型。

第 72 日

如果你感到,你需要在目前所在的地方再多待一会儿,你很可能是对的。如果你感到,你需要再放掉一些包袱才行,那很可能确实如此。如果你认为自己正站在突破的边缘,很可能你真的就在。目前你还看不到终点,或是还没搞明白这一切将会如何运作,并不等于你没有走到你应该在的地方。

第 73 日

并非每时每刻都是完美无缺的人生体验,但是,你会在至为细微的时刻找到生命的真意。即便是一连串看似毫无关联的选择与巧合,也有可能把你带向清明之地。你不可能预知你所在的此时此刻对日后造成的一切影响。你用不着必须相信目前看不到的东西,但是请你心悦诚服地将自己全心全意地交给当下,让它用它想要的方式塑造你。你知道的远比你认为自己知道的多。

第 74 日

有时候,你修筑起来的防御墙会变成阻拦,阻拦你把爱倾注在自己的生活之中,阻拦你的心去了解他人的心。曾经守护你安全的东西变成了障碍:那一连串的信念劝阻你,不要与他人建立联结;它们提醒你,千万不要走出这个堡垒啊,否则你会被灼伤,会被刺痛。但除却这些之外,它们贡献不了什么了。有时候,拆掉这道高墙的唯一办法就是一砖一瓦地慢慢来。你必须让自己显露出来,一开始只露出一点点也没关系。然后,你必须努力地不断拆墙,不断地成长。不用急着明天一早醒来就马上能看到新貌,你只需要不断地做清理,把内在那些变冷、变硬的东西清除掉。不要让舒适区变成牢笼。

第75日

没人告诉你,死亡与重生可以在一个身体中同时进行。一度如此熟悉的过往,渐渐变得像一个平淡的事实,还能回忆起来,但你与它之间已经没有任何羁绊,好像每一丝牵系都已经松了,断了。没人告诉你,脑海中曾经那么栩栩如生的往事,也可以烟消云散,融于虚空;没人告诉你,会有那么一天,你甚至察觉不到是在什么时候,你最后一次想起了最后一件一直困扰你的事。没人告诉你,有一天,你终将遇到内心中一些全新的、仿佛诞生于空无之境的部分,而在它们旁边的,正是你多年前压制下去、掩藏起来、以为再也找不回来的部分。没人告诉你,有些东西始终都在。没人能解释清楚,你的生命将是多么错综复杂,因为这是你的命题,也只有你自己能够决定。这是唯有你自己才能领悟到的启示:生命中的所有死路联结在一起,编织出一条美好的故事线,即便让你自己去写,也写不出这般精彩。活得充满生机,就是这个意思。你未必总能知道自己面朝哪个方向,但你知道自己终将抵达。

第 76 日

如果某个人的爱不能让你感到足够安全、愿意敞开心扉；如果它不能让你更友善地看待自己；如果它没有让你产生渴望，想用你一直向往的方式更加尽情地生活，那么这份爱不适合你。这不是因为你不值得，而是因为你完全值得拥有更好的人：无论你和他是否在一起，你都能感到幸福。

第 77 日

学习带着积极的好奇心生活,及时纠正那些时常冒出来的念头,比如担心事情会出错,会搞砸,或是害怕出现某些严重的、不该你负责的失误。把这些杞人忧天的"本事"转换成能支持你成长的力量吧。换个角度想想看,或许有些至关重要的教训或领悟会从你当前的经历中浮现出来,这让人多么惊喜呀,而且这个过程可能比你想象的容易得多。再或者,你可以想想看,那些最糟糕的情况发生的概率其实有多低,而且,反复出现的担忧其实并不能保护你免受坏事的伤害,反而会允许头脑把那些场景想象得愈发清晰,助长它们成真。

第 78 日

如果你明白,人生的真谛存在于微小事物之中,你就永不会不知餍足。你会明白,真正的欢悦就是把你拥有的资源运用好,安然地活在当下,并且去爱那些选择与你同行的人。你会渐渐明白,对盛大与华美的热望其实是一种投射,反映出你的内在缺乏真正的深度。

第 79 日

你不需要一直奔跑下去。你寻找的答案很可能一直就在身边。人生的旅程在于不断地坚定决心,敢于去选择你早就知道的正确选项,即便世界可能会不理解你,即便你会令某些人失望,即便这个选择可能会吓到你、挑战你、以出乎意料的方式令你感到脆弱无依。我希望有一天你会发现,"成功"二字未必指的是你抵达了何处,而是你如何一步步走去。当你改变了你和今日的关系,也就改变了你与明日的关系。

第 80 日

不，以后你也避免不了受伤，但你会渐渐地学会面对。听到别人反对意见的时候，你不会往心里去，因为那不过是他们自己的经验而已，用不着非听不可。情绪上来的时候，你能感觉到自己的神经系统被激活了，心脏怦怦跳，但你不会做出自我破坏的行为——虽然它们就像创可贴，能暂时对付伤口，或者说，它们带有某种受虐狂的意味，让你从痛苦中获得抚慰。你会感觉到自己何时精疲力竭，而你会决定好好地爱自己，抑制住继续做事的冲动，就让自己休息一会儿。你会渐渐地充分了解自己，知道自己何时需要安静，何时需要与人联结，何时需要以最基本的方式得到滋养，而且你也将学会如何滋养自己。你会遭到拒绝，但这不会终结你，不会导致你内在的坍塌。不，以后你无论如何也避免不了受伤，但你将渐渐学会泰然处之。

第 81 日

你生活的这个世界告诉你,你应该每天工作八小时,这叫做生产力。你生活的这个世界告诉你,你应该把一生中的四十年拿出来,贡献给一份你并不感兴趣的职业,这叫做安全。你生活的这个世界告诉你,要让身边围满了人,越多越好,这叫做关系。你生活的这个世界告诉你,你应该尽可能地把日程表填满,这叫做充实。你生活的这个世界致力于把那些最能让你感受到生命活力的事慢慢抹掉,而这叫做责任感。难怪你会感到幻灭,难怪你会受伤。人的灵魂要经历各种复杂的阶段与变化,而我们创造出的这个社会并不能经常满足这种需求。你能做的是,学会在这个世界中创建出属于自己的宇宙。或许,我只能说或许,你为自己荡起的波澜有可能会波及别人,激励别人也朝着这个方向进发。或许你的人生会成为一座灯塔,照亮别人的生命。那些痛苦的心灵怀着强烈的渴望,他们想要知道,还有另一种方式来度过一生,在这个过程中依然存有希望。

第 82 日

在有些日子里,你只是需要在花园里待一会儿,漫无目的地走一走;写点东西,但永不知道如何收尾;去爱,但全然不知这份爱会将你引向何处;去倾听,不说话;在无人看见的静谧时刻中寻到慰藉。或许,你原本就不该每时每刻都找得到答案,但你终究会领悟到,并不是所有事情都有答案,有些事注定就是那个样子。

第 83 日

如果有件事不断地把你的注意力拉回到它身上,那就说明,那里还隐藏着一份尚未完成的功课,需要你把它修完。还有一块拼图需要你捡起,还有某些因素需要你剖析,还有智慧需要你习得。没能毫不费力地抽身或释怀,并不说明你做得很糟。生命需要你带着彻底的诚实面对自我,然后发现一个阔朗的空间——在这个空间里,你其实已经做好了充足的准备,迎接最戏剧化的成长。那件事不断地召唤你,是因为在它之中还有些东西需要你去处理,还有些东西想要被你看见。

第 84 日

这负担很沉重,是因为你原本就不该背着它走这么远、这么久。它很沉重,是因为它从一开始就不该属于你。它很沉重,是因为人就不应该把最痛苦的往事的残迹一直压在心头。它很沉重,是因为它想扛着旧世界进入新世界。它很沉重,是因为它在请求你把它放下。它很沉重,是因为你内心中的某些部分能感觉到,如果没有这份重负,你将会成为怎样的人。它很沉重,是因为你已经通过某种方式变得轻盈了,剥离下来的碎片过于滞重,无法再跟随你往前走,所以你必须把它们放下。

第 85 日

真实地面对自己,不等于被意识流带着走。它的意思不是想做什么就做什么,想什么时候做就什么时候做,丝毫不考虑后果或后续的影响。一以贯之的行为会渐渐变成你的个性。此处我说的"行为",指的不是你的所思、所感,也不是你的恐惧,而是你选择怎么去做。即便你最先觉察到的是心中浮现出尖锐的评判,但是,如果你展现出真挚的善良,世人看到的就是你的善良。即便你面对的是最深远的未知,如果你展现出韧性、力量和勇气,韧性也将成为你的品质。在某些方面你是固定不变的,但在另一些方面,你是灵活的,可修复的,有适应性的。你并不是"曾经"或"过往"的累加。你能够对抗过去,成为你选择成为的那样的人。

第 86 日

幸福是慢慢搭建而成的。它是你在生活中逐渐形成的仪式感,是你允许自己习惯的东西。你以为幸福是持续不断的前进,是永无休止的累积与生长,但实际上,它是朝着同一个方向的持续努力。幸福是你不断加深与他人的联结,你发现美,你不断地成长,终至与自我愉悦和谐地相处。幸福是你渐渐学着追踪内心最隐秘的欲望,看见它们如何延伸到外部世界,也学着找到最让你产生归属感的群体。幸福是你选择了这样的生活方式:它让你感恩当下,让你确信自己与某种更宏伟的东西紧密联结在一起;它让你感到,你正在为之努力的东西,有朝一日将会融汇在一起,成为远比部分之和更有意义的整体。

第 87 日

　　与其竭力搞清楚一件事是不是绝对适合你,还不如去关注它是否能创造出与你同频共振的感觉。问问自己,它是让你的身体微微缩紧呢,还是放松下来。问问自己,它返还给你的能量是否大过消耗。问问自己,它是否能挑起你的好奇心,让你感到兴味盎然、欲罢不能。问问自己,你能找到什么,这条路会通往哪里。关注你身体最细微的反应:在体验这件事的时候,你是变得更加开放了一点,还是更封闭了一点呢?把最微小的偶然和巧合累计起来。让自己接受最无声的指引。

第 88 日

说到寻找自我，一个很重要的功课是去发现你在别人身上看到的"你自己"。那个人身上展现出来的某种东西令你感到如此熟悉，却又看上去难以企及。那个人唤起你心中沉重的嫉羡，但也可能是飞扬的、跃跃欲试的、被激励和被召唤的感觉。这两种感受其实都在指引你去实现自我。请你永远不要忘记，无论你做的事情是什么，永远不要忘记你在他人身上看到的特质其实也正蛰伏在你自己心中。你觉察到的并不是你匮乏的东西，而是一个空间，而你已经做好了最充分的准备，在这个空间里尽情地伸展与生长。你之所以感受到了张力，并不是因为那个人占领了本该属于你的地盘，而是因为你察觉到，他们允许自身的某些东西恣意奔流，尽情绽放，他们愿意敞开心怀，拥抱那么多的可能性，而你却在苦苦压制自己。你的小我想把这些人视作敌人，而你的灵魂却知道，他们正是你身着伪装的良师。

第 89 日

不放弃自己,不向心中最糟糕的冲动屈服,未必每次都像是打赢了一场看不见的战争,而是刚好相反。你终于举起双手,开始自问:我该做出哪些改变?它意味着,你终于臣服于内心中的力量,而这种力量一直想要告诉你,你走上了岔路。它意味着,你终于开始学着与自己合作,遵从自己给出的指引;你学着去倾听,去听见,去回应;去用最本质的方式爱自己;你学着去理解这一点:你之所以缺乏持续的动力,并不是因为你有什么问题,缺乏动力其实是一个强有力的指引,就算你付出最大的努力,也无法胜过它的智慧。不放弃自己也意味着,你渐渐明白,在寂静之中,有些东西希望被你听见。

第 *90* 日

　　看见世上的一切错误并不难，难的是潜入内在——这里正是整个世界诞生的地方。知道有些东西必须要修补，这并不难，难的是先把我们自身的认知修补起来。知道生活中缺少爱，这并不难，难的是触及自己内心深处，让爱先从我们自己心中流淌出来。意识到有些事情需要改变，这并不难，难的是去做那个改变它们的人。

第 91 日

如果你得知,在头一回做某件事的时候,你原本就没可能做对,而是要通过不断尝试和犯错才能渐渐掌握它,你有什么感受?你会对自己宽容很多吧?也会变得更有人情味吧?"一开始你就应该能做对,你应该做到毋庸置疑的完美",如果你从不曾有过这样的期待,而是明白,对灵魂的雕凿就在于持续不断地投入,不断地尝试、前行,不断地在内心恐惧的烈焰中锻造自己,那么,你能从生命的体验中多获得多少东西?

第 92 日

"足够"并不是一个要抵达的目标点,而是你心中的一种感受。它是一种满足感,说明你知道自己就在该在的地方。除了你之外,没有一个人能给你这种感受。没有一个人能把自我接纳或内在的归属感给你。有时候,我们十分关注别人对我们的印象,这其实是在掩盖我们心中"有些事情似乎不太对劲"的感觉,就好像如果能够努力说服旁人相信,我们正走在正确的道路上,我们就真的离目标更近一点了似的。头脑糊弄不了内心。我们也没法把能够量化和概括"足够感"的事实列成清单。我们只能进入内在那个安静的、小小的空间,并且尊重它。唯有意识到自爱并非外在的度量,而是内在的滋养,我们才能走出由内心的痛苦交织成的迷宫。

第 93 日

你对今日的体验,由昨日的微小决定构筑而成。你把鞋子放于何处,你没回的那些邮件,你答允了却又忘掉了的约会,一些未经消化、未能归位、依然在你心中徘徊不去的情绪。你越是能准确地预料到自己将来的需求,就越容易活在当下。你越是能够活在这种平衡中,就越是容易气定神闲地啜饮着热茶,不会再为很多事情担忧,因为那些事情已经安排妥帖,即便还没有,你也相信自己能搞得定。你不需要再次激活自己的神经系统,让自己充满肾上腺素,时刻惦记着那些需要处理的事情。你的选择不止要体现出"现在的你",也要体现出"你即将成为的那个人"。

第 94 日

你心中有些部分想要被你听见,请你倾听它们。那些部分正在轻轻地对你诉说,它们温柔地告诉你,你的哪些地方需要开放,哪些地方依然被卡着,哪些地方渴望成长,哪些人需要你去爱。有时候,占主导位置的思维之流并不能清晰地反映出我们最真实的内在自我。我们的身体在用最微妙的方式说话,当我们学着去关注身体的感受,而不只是耳朵听见的话语时,我们唤醒了一个全新的生命层级,一种全新的存在方式。

第 95 日

你要么通过批判的透镜看世界,要么通过创造的透镜看世界。你要么不断地抱怨身边的资源是多么匮乏,要么就转换视角,想想如何把手上现有的东西变成自己想要的东西。你要么不停地在自己身上寻找不完美的地方,然后拼命盯着它们,要么就从这些不完美的裂痕之中,看到你最具突破性的成长、最伟大的使命、最美好的生命愿景正在渐次铺展开来。

第 96 日

成熟即是领悟到你原本就不是为别人而活的。你不是别人的宇宙中心。与此同时，你是你自己的创造者。你来决定谁可以出现在你的故事中，占据怎样的位置。你可以与灵感尽情嬉戏，也可以任由它们擦身而过。你来决定你想要什么，而不是勉力让自己留在以他人为中心的人生边缘。

第 97 日

内在智慧原本就不该把整个人生的所有答案全都告诉你,但它会告诉你下一步该怎么走。你原本就不该凭直觉预测出人生路上的每一个转弯,因为那会违背"存在于当下"的全部意义,也就是违背了"活着"的全部意义。没有人,反正咱们之中没有人,能够预知即将铺展开的一切。我们的任务不是去更好地预测、投射,或执着于不确定的可能性,而是要心怀一个诚挚的信念:那些"我们知道接下来需要发生的事",就是一把钥匙,它终将解锁我们一直等待的一切、我们一直想要成为的一切。

第 98 日

当你爱上人生的本真样貌,它就会转变成你一直以来渴望的样子。

第 99 日

沉重的感受想要的不是你的干预,而是你的关注。当你全然地觉察自己的感受,它们终会渐渐地自行消解、散去。当你采取了拖延、躲避、抗拒的行为,或是脱离了对情绪状态的觉察,你就会搅入痛苦之中,最终被它们压倒。关注身体的感受时,你多半会很想做出点反应。当你开始觉察每一种令你感到不舒服的感受时,你会想要赶紧采取行动,比如解决问题、改变现状,或者是马上做点什么,好让这种感受快点消失。可是,这些做法不会有用的,因为那些感受并不存在于你想解决、改变,或者让自己分散心神好不去再想的事物中。那些感受存在于你身上。它们并不想被你变成世上的某种实体,它们只是想被代谢,被处理,最终转化成一种潜意识的智慧。这种智慧会以一种超乎想象的方式,比你目前能够设想到的强大得多——指引你前行。

第 *100* 日

生活知道你不知道的事。它听到了你从没听到过的对话。它察觉到某些人的真相,而你还没来得及充分地了解他们。当你感到,你无比想要的东西突然之间不想要你了,此时请你信任生活。你一定要相信,生活正在保护你的心免受所有进一步的伤害。它在确保你不会再把哪怕是一个小时——那都是你无比宝贵的时间——耗费在不符合你最佳利益的事上。生活不会转过身弃你于不顾,所以,也请你不要这样对待它。

第 *101* 日

如果你想过一种宁静的生活,没问题。在这样的生活中,至为宏大的命题隐匿于微小的事物中,生命中的时刻是低调的,没那么显眼。但是,如果你真的用心关注,这些时刻会在你的心怀中打开一片空间,绝大多数人甚至从未意识到这种空间的存在。如果你想过一种容易的生活,没问题。在这样的生活中,你不必总是努力踮脚去够高处的东西,只需要把手放下来,握住此时此刻面前的东西就好。在这样的生活中,你以自己的步调前行,在属于你自己的时间中创造。在这样的生活中,你希望留给世界一个始终如一的、充满爱心的存在;你提醒人们,在一个人的灵魂中,能够蕴藏那么多的善良。

第 *102* 日

你注定要改变。你注定要改变你的想法。你注定要改变你的认知。你注定要改变你的愿望。你注定要进化，要适应，要成长。你注定要甩脱旧日束缚。你注定要放手。身体会消化，会新陈代谢，会自我更新，一个细胞接着一个细胞，一个想法接着一个想法——因为它就是被设计成这样的。请你信任这个过程。你会意识到，其实我们从来都用不着"放手"，只需要接受"有些东西已经消逝"的事实就好。我们用不着去哀悼那些我们以为被世界拿走的东西，但我们需要记得，我们在生活中培育出的一切美好都依然生长在我们心中。无论去往何处，无论接下来做什么，我们都会把它们再次栽种在那儿。真正属于你的每一样东西都会在那边等待着你，因为真正属于你的每一样东西依然留存在你心中。它们始终在那里。

第 *103* 日

事实真相是,为了改变你,生活需要先挑战你。它要让你产生疑问:你活在其中的这一圈边界线,究竟真的是你的极限呢,还是只不过是舒适圈的边界线而已?事实真相是,为了给你重新定向,生活需要先让你停下脚步。在给你回报之前,它需要先测试你;在打开闸门之前,它需要先信任你。事实真相是,在把你推举到一个崭新的现实中之前,它需要先让你弯腰屈膝。在你能理解什么是对的之前,它需要先让你看到什么是错的。

第 *104* 日

你不需要一个没有任何争战的人生。
你需要一个值得为之争战的人生。

第 105 日

你努力想把所有碎片都预先拼得严丝合缝。如果你把所有时间都花在这上面,就会错失这段旅程的真正用意——你只需全身心地活在其中。在"你是谁"的这个问题上,要允许那些拼合不起来的元素先同时共存,然后渐渐融汇起来,或者,在时机到来的时候,允许某些元素消失不见。去爱一些人,也失去一些人,看看有谁会留下来。你会渐渐意识到,想要降临到你身上的爱有千千万万种。让内在的指引给你带路,去实现一个美好的故事,这个故事远比你自己能写出来的精彩得多。你不必知道结局,也能完美地走上正轨。你不必现在就理解一切。有些事情从来就不该由你改变,当你接纳了它们之后,平和就在接纳之中静候着你。

第 106 日

看见自身的模式,并纠正航向,这需要力量。抗拒"熟悉感"的诱惑,这需要力量。绝大多数人从来都没有意识到,想要重复过往的冲动有多么强烈。当我们一遍又一遍地走过相同的道路,很多东西会变得根深蒂固,直到我们再也看不到其他东西。做出不同的选择,相信一些你能够感觉得到却还看不到的东西,这需要力量。敢于与众不同,敢于谦卑,敢于改变,这都需要力量。成为你一直想要成为的那个人,这需要力量。

第 *107* 日

复原力不完全等同于坚韧。有时候,它是一种柔软的姿态,就是简简单单地让事情经由你而去。有时候,它是一种意愿,对于那些你不想更充分地表达出来的情绪,你愿意不做出反应性的行动,而只是单纯地去感受它们,然后放手。

第 108 日

终结受苦是痛苦的。处理情绪,感受情绪,然后放手,这是痛苦的。去哀悼,去诚实面对自己,然后继续前行,这是痛苦的。这一切都如此痛苦,以至于绝大多数人都待在被人为延长了的、温和的不适感之中,借此避开面对自身恐惧时那种尖锐却短暂的感受。当你终结受苦的感受时,最起初是痛苦的,但安宁与平和就在对岸。崭新的人生正在那儿等待开始。

第 *109* 日

你之所以感到伤痛,是因为你内在有些东西依然在奋战。它依然在为了安宁平和而奋战,依然对美好抱有希望。它依然知道,还有那么多东西你尚未体验到。尽管你的心经历了那么多痛楚,它依然在请求你,让它被看见,让它被爱。你内在的某些东西非常在乎你,以至于它脱掉层层面具,不让你扮演那些你从未真正想成为的角色。瞧,疗愈是件艰难的事。它要求你换个方式生活,不再麻木自己。想要体验高峰,你就必须拥抱低谷。这倒不是因为两者互为前提,而是因为人生原本就是一团精彩华美但又不可预测的混沌,如果你投身其中,就会意识到,一段没有白活的人生,一个充分爱过的灵魂,其标志并不是此人能始终如一地保持镇定,而是他能悠游在自己向往的所有体验之中,不会自己吓唬自己,蜷缩在其中某一个体验的角落里。

第 *110* 日

你究竟有没有处在该在的位置,世上没有一个人能说得准。即便你已经取得了外在世界的一切成功,但内心深处知道,你并没有充分地活出自己,那你必须相信你的感觉。你必须要明白,若要衡量你的存在感,看的不是你给他人留下了多么深刻的印象,而是要看勇气有没有在你的本性中留下不可磨灭的印痕,要看你有没有充分投入到人生体验之中,也要看你从中带走了什么。

第 111 日

消失一段时间，去修习关于自我的功课，这是可以的。消失一段时间，然后再次出发，这是可以的。把画板擦干净，然后重新开始，这是可以的。这些转变都很正常，你必然会经历它们，但当今世界并没有给我们留出这样的余地。你需要在生活中创造出一个空间，表明你的内在已经成长了，同时也告诉自己，旧的篇章已经结束，新的篇章正在开始。

第 112 日

看不到你的价值的人，不值得你去花力气说服。不重视你的人，不是你需要迎接的挑战，看看你能把自己弯折到什么程度，才能匹配得上他们的喜好；看看你能失去多少自我，才能迎合他们的想象；看看你能用多快的速度让他们改变想法。不重视你的人，没有在你身上看到你在他们身上看到的东西，这并不是因为他们是千载难逢、万一错过了就再难重遇的顶尖人物，他们只不过是凡夫俗子，是你给他们披上了神圣的光环。当你凝视着下一个以同样的方式"点亮你的心"的人，你会看见同样的东西。因为那光亮在你的心里，它一直都在。

第 113 日

当你疲累的时候,去休息。当你的热情被点燃,去行动。当你的创造力被激发起来,去创造。当你心怀希望,就勇敢一跃。当你心存疑虑,就等待。当你准备好了,就出发。这些情绪状态正是代表着可能性的大门,它们想要把你拉进平行的现实,如果你任由它们擦身而过,也就选择了止步不前。倾听你的身体,倾听你的灵魂。这些情绪极少随机发生,而是恰好在正确的瞬间为你把大门打开或关上。

第 114 日

如果你想说,"那不适合我",没问题。如果你想说,"现在我不想把这件事摆在第一位",没问题。如果你想说,"我接下来想做的并不是那个",没问题。有时候,我们很容易把分界线划得太绝对,认为某些事情"根本不可能",但实际上只是时机不对。别再把"不想做"和"没能力做"混为一谈了,但这需要时间慢慢来。你没办法面面俱到,没办法从始至终都样样事情一把抓。最终,你需要选择一些,放掉一些。别再因为那一大堆"没能力做"的事而垂头丧气,把精力看作你最有价值的投资,把它用对地方。

第 115 日

当曾经守护你安全的东西,变成了阻拦你的藩篱,当你只顾眼前的自在,却看不见长远的好处,追求舒适就沦为堕落。当"滋养自己"变成"只做你能想到的、最抚慰自己的事",却不先问一问内心中有什么失调了,追求舒适就沦为堕落。当熟悉的行为变成唯一的可能,追求舒适就沦为堕落。当舒适不能帮助你勇敢面对恐惧,而是永远逃开,追求舒适就沦为堕落。

第 116 日

当你认为,要是终于放开自己去尽情奔跑,肯定会摔倒的吧,此时你往往没有意识到的是,其实你已经趴在地上了。留在原地,只不过是我们以为的"安全",上天给予我们这一生,不是为了让我们忍耐到尽头的,而是要去充分体验它。上天给予我们这一生,不是为了让我们在肉身死去之前就已经了无生气。上天给予我们这一生,不是为了让我们一直保持完美状态,直到终点。你或许以为,最糟糕的情景就是失败,但事实上,最糟糕的是,你对失败的恐惧令你动弹不得,没能用你拥有的这些有限的时间去做任何有意义的事。

第 117 日

你身上最有爱的东西,在你离世很久之后也依然存在。其他的一切都是影子,投映在你闪烁着微光的灵魂上,它们的使命就是通过对比,教你认识到真正的你是谁,真正的你如何生活。

第 118 日

当你感受到幸福的时候,哪怕只是最微小的一点点,也请你慢下来。尽你所能,把那个瞬间延长。让它带领你进入一个空间,在那儿一切事情都是可能的,一切都有可能发生。允许它激起你心中的感激,当你感到如此放松自在,安宁平和,就像回到家一样的时候,请你好好留意自己的感受。这就是最真的你,虽然外界的暴风雨会让你得出相反的结论。无论你曾经放弃了自己多少次,这里是你应该经常回来的地方。永远存在于你内心之中的这个部分,就是你的真我,你全部的自我。

第 119 日

我们之所以迈步向前,并不是因为我们认为"是时候了"。我们迈步向前,是因为我们能渐渐地允许一些比以前有趣一点点、美好一点点、诱人一点点的事物抓住我们的注意力,带领我们走进一个由我们自己创造出来的新世界。

第 120 日

人的注意力会产生"一叶障目"的效应。如果你总是盯着一件事,就看不见其他的了。当你感到被紧紧卡住、好像动弹不得,这是因为你在无意识的状态下,用你一直关注的那件事把自己堵在了牛角尖里。出来的办法就是"脱离",哪怕只有一小会儿也好。让自己干点别的,什么事都行,不一定非得有益处,不一定非得让你满怀希望。它只需跟你关注的那件事不一样,只需抓住你的注意力,把你拽出来,让你离开卡点,进入一个新地方。它只需提醒你,你目前待的位置,并不是此后你唯一能待的位置。

第 *121* 日

你如何知道自己在自我破坏？暴风雨之所以还不止息，是因为你在追逐乌云。你之所以主动寻求它，是因为你认为自己不配得到阳光。这世上确实有需要忍受的事，人人都难免遇到，但不会始终如此。暗夜不会永无尽头，但头脑却会让我们这样认为。暴风雨也会成为我们的舒适区。它会变成那个令我们感到足够自由的地方，在那儿我们可以真正地关爱自己，真正地对世界说不，真正找到自我，真正地选择我们认为的真相，真正表达出我们在其他地方会隐藏起来、避而不谈的情绪和感受。人生旅程的意义不在于你能否比风雨跑得快，而在于你能不能停下来问问自己，你心中的哪个部分乐于被风雨滋养，除了这样做，是不是还有其他更好的做法。

第 *122* 日

有时,事情不会按照你的时间线发展,因为它们遵循的是更为宏伟的那一个。有时,你为自己做出的选择,只是基于你破碎的自我感知。有时,当你凝视黑暗太久,终于见到光亮的时候,你的双眼会感到刺痛。有时,生活想要给你更多,多于你所要求的。在这个时候,你就伸手接过来吧,让它带你去往更高的地方,远远高过你的预想。

第 123 日

真正重要的是,到最后你能讲出一个令你感到自豪的故事。当你老去,讲述你这一辈子的故事时,你会说些什么?这个问题,才是衡量你一切决定的基准。

第 124 日

你认识的每一个人,街上与你擦肩而过的每一个人,你评判的每一个人,你不喜欢的每一个人,你认为跟自己毫无共同点的每一个人……他们的心中也在打着静默无声的战役,他们的心中也存在伤痛,跟你的相差无几。我们的心魔可能长着不同的面孔,有着不同的名字,有时候我们可能比别人更容易察觉到它们的存在,可是,到头来,它们都用相似的方式纠缠我们。当我们意识到,人人心中都怀有某种内在的渴望,这才说明我们深刻地体悟到了"人性化"的含义。做人要有同理心,因为无论一个人表面上看起来是什么样子,每一个人,包括你,都有自己的大山有待翻越。

第 125 日

并不是你身上的每个部分都需要重塑。

并不是你身上的每个地方都想要被修复,或需要被修复。

有些只是想要被爱。

第 126 日

搞清楚别人在想什么,并没有看上去那么难。比起我们附加上去的那些故事,他们本身其实直接得多,也透明得多。他们的行为即是他们的感受,而且人都是复杂的。他们之所以表现得忽冷忽热,是因为他们很困惑。他们会为自己真正重视的事情留出时间,乐意做那些令自己感到舒适的、符合心愿的事。他们可能依然关心你,但如果他们对你说,现在不是时候,他们说的是真心话。如果他们对你说,我并不适合你,他们说的是真心话。如果他们对你说,你值得更好的,他们说的是真心话。可是,当他们说出我爱你,并且让你看到行动的时候,他们也是真心的。当他们陪伴你扛过最猛烈的暴风雨,他们是真心的。当他们向你表露敬意,他们是真心的。当他们满眼爱意地看着你,他们是真心的。不必管一个人对你说过什么,要看他做了什么。他们的行为反映出他们的感受,也反映出他们的为人。你要做的选择是,允许他们在你的生活中占据多大分量。

第 127 日

抵达的含义不是"我能拥有我想要的一切"。
而是"我已经拥有了我需要的一切"。

第 *128* 日

如果我们将真实的生活比作织毯子,一旦你在其中添加了一根新线,一切就此不同。一切都将改变。别去追求"一下子彻底重塑自己",相反,先改变生活中的一件事,哪怕它极其微小。然后,静观这个小小的胜利逐渐升级成为巨大的转变波澜,它将波及你的整个生活。

第 129 日

长大就是意识到,世间的一切并非皆为你准备。并不是每一阵风潮、每一个瞬间、每一个人、每一个机会、每一个想法都为你而来。并不是一切都适合你,并不是一切都能流动起来,并不是一切都能奏效。但长大也意味着,学着不把这些视作消极负面,学着成为最好版本的自己,而不是别的什么人。

第 130 日

放下你背负的东西,不是意味着把它放下就行了,还要把它一块块地拆解开来,逐一检视。问问自己:这个是我的吗?这个是真的吗?这才是"找到自我"的真正含义,是疗愈和前行的真正含义。看看那些你无法放下的事物,问问自己,为何要牢牢地抓着它们。去探索它们想要告诉你什么,将之转化为促成改变的催化剂。

第 *131* 日

要清理掉心灵上的重负,你必须在旧篇章与新篇章之间画下分界线,终结旧版本的自己,迎接新的。你用不着反复思索自己曾经做过的事,因为你已经不再是那个人了。你已经不一样了,你的生活也是。随着时间流逝,那些记忆终将飘散到遥远的地方,绝大多数会永远消失不见。你完全可以关上门。你完全可以放开手。当你知晓自己已经掌握了必修的功课,你完全可以去探寻崭新的坚实大地,你将带着更多的觉知与耐心,以更加从容优雅的步伐向前走去。你将成为一直以来你需要成为的人。

第 132 日

那些拖住你的沉重负担会对你说,不要相信那些召唤你的美好愿景啊。请你不要允许它们说服你。请不要以为心中的恐惧就是定局,不要以为它预示着"不可能"。请你不要认为,只是因为路途艰险,需要时间,或是目标似乎遥遥无期,就意味着你不会抵达。终有一天,你担心永远也不会发生的那些事,都会在你眼前一一发生。

第 133 日

当你有能力进入复杂深入的情绪状态,就标志着你拥有了内在的力量和能力,可以处理更加细腻微妙的人生体验了。当你对某一方面的人生体验有了更加敏锐的感受,其余的方面也会变得更加鲜明生动。不再麻木自己,不再转移自己的注意力,这需要莫大的勇气。愿意受伤,愿意敞开自己,愿意不断尝试下去,即便你需要一次又一次地重新发现心中的火焰,这需要莫大的心力。

第 134 日

我祈愿，就在这一年，你学会了相信自己。我祈愿，就在这一年，你寻获了力量，可以去改变那些你不能接受的东西。我祈愿，就在这一年，你开始用不同的眼光看待事物，开始松开双手。我祈愿就在这一年，你在指引之下遇到了能真正看见你的人，能爱你如你所是的人。我祈愿就在这一年，你在回首时发觉好似已经度过了整整一生，在道路初始时的你，与现在的你已是判若两人。我祈愿，就在这一年，你没有放弃那个你注定要成为的人。

第 135 日

你会再度开怀大笑。你会再度活在当下。你会再度去爱。你会再度发现自己。你会再度过上有规律的生活。你会再度相信比自己更伟大的力量。你会回来的,因为你并没有向后退,而是在向内走,你让自己的内在变得柔软。你让那个一直住在"里面"的人出来发声。你并没有失去心中的希望,因为它是你的家,它一直是你的最终目的地,是你所领悟到的终极真理。

第 *136* 日

你苦苦追寻的爱?它已经在那里了。打开闸门吧。让存在于你内心的东西在你周围折射出光彩,然后再涌流回来。

第 137 日

　　世界的结构为人类的体验提供了框架,注入了秩序感和规则。年轻的时候,你学习它们,践行它们。后来,如果幸运的话,你会产生一些新的觉察,打破这些规则。你的意识把它们瓦解了。无论你有没有意识到,你都毕业了,进入了下一个层次的体验,在这个新层次中,你留出了一个空间,它能够涵容对比、差异、复杂与微妙。在这个空间里,你得以成长,得以深入内在,得以更加充分地活在当下。"抵达"的意思不是完成,而是知道它已经完成。

第 138 日

有一天,醒来后你会发现,人生拼图汇聚起来的速度比你想象中快,方式也是你从未想象过的。你会看到功课的意义,步调的意义,去留的意义。你会看到,你一直都记着学到的每一件事,一切智慧都依然在你心里。最重要的是,你会看到,它依然是不完美的,而且永远都是。"抵达"的意思不是完成,因为那就等于结束。抵达,意味着相信一切都会安好。

第 139 日

如果你看见了一样事物,爱上了它,也知道它尚且不属于你,那就研究它,仔细分析它,尽可能多地与它待在一起。问问自己:是什么让我觉得它这么美好?就这样,你开始了解自己,你描绘出自己的轮廓线和边界线,看见真正的自己的独特之处。就这样,你渐渐明白,你真正想要创造的是什么,真正能启发你的是什么,真正让你渴望活着的是什么。

第 140 日

当你开始跨越内在的限制时,这道限制会大声哭喊。它会告诉你,新世界不安全呀,因为一切都是未知的。它会制造出倒塌与出错的假象,蒙蔽你的双眼。但它不知道的是,你是宇宙的孩子,你与树枝、河流、藤蔓并无不同。为一切生灵赋予活力的力量也同样在你体内奔流,无论你选择哪一条路走,这股力量都会支持你。

第 141 日

培养自我价值感,即是不再否决自己对美好事物的渴望。你看到一件很想要的漂亮衣服,心中立即涌起一阵暖意,你的心说,"真好看"。但你的头脑马上截断了这阵暖流,说道:"你可穿不了。"你看到一个很美的地方,想去那儿生活,你开始畅想一切可能发生的美好。但你的头脑马上打断了你,说道,"你可去不了。"你想到了一个创意项目,内心雀跃又欣喜,但你的头脑打断了你,说,"更好的艺术家才能干成这事"。如果你拥有了一段安宁又愉悦的时间,不要让头脑横插进来提醒你:这么愉快美好的事情岂能属于你。在静谧之中,允许自己去体验你曾经以为自己不配得到的东西。

第 142 日

但凡看上去毫不费力的事,基本上都经过了艰苦卓绝的努力。那些付出是如此不寻常,以至于表面看起来就像什么都没做似的。内在的成长就是这样。当你终于抵达对岸,看上去,你全然沉浸在安宁平和之中,自在,松弛,顺其自然地度过每一天。但在这个转变之中,有太多东西是旁人看不见的:在疗愈的过程中,你呵护住那颗充满伤痛的心;你不得不在痛苦中寻找意义;你努力把困惑难解的一切理顺、调和,并通过它们形成全新的世界观。但凡看上去毫不费力的事,基本上都是人类最出色、最非凡的丰功伟绩。

第 143 日

说到关爱他人这个话题,绝大多数人只是想要被人听见而已;归根结底,他们需要的就是被人看见。当你看见自己的情绪感受,那些情绪就会发生转化。你也可以把这个方法用在他人身上,去看见他们。他们不一定需要你替他们解决问题、做出干预,或是给出深思熟虑的回应。有时候,他们需要的只是有个人能安静地陪他们坐一会儿,认真倾听他们的诉说,即便词不达意、条理不清、同样的事情来回说了好几遍……,即便他们也不确定自己到底想说些什么。有时候,人们真正需要的,只是有人能看见自己。

第 144 日

如果你偏离了真正的自我,无论走散了多远都没关系,总有路可以回来。或许你损失了不少时间,或许你浪费了许多精力,或许你付出了远超正常所需的代价才学到了功课。这些东西确实找不回来了,但没关系。因为你现在意识到了。在一切为时已晚之前,你意识到了。

第 *145* 日

你要么坐到名叫"好奇心"的前排,要么坐到名叫"疑虑"的后座。这两个位置都算不得完美舒适,但前一个远比后一个更有价值。

第 *146* 日

你该如何继续前行,哪怕是在已经打算放弃的时候?你会发现,有时候你没办法再逼着自己去做某些事情了,因为从直觉上你就知道,你的灵魂已经进化,已经超越了它们。这恰恰就是最清晰的征兆,说明你已经成长了。这种状况意味着,你确实已经学完了需要修习的功课,确实已经为进入下一个阶段、下一级体验做好了准备。你的潜意识思维正在忙着设计一场全新的游戏供你参与。原先的规则不再有效或不再适用了,而你必须适应这一点,别再为此感到惊讶。你并没有失败,因为你的灵魂不允许你走回头路,也不会让你停留在原地。有时候,"成长"的最清晰的征兆,就是你想把休息与幸福感排在首位,你想要说不,想要更深入地感受内心,更大声地表达出自己的看法。表面上看,这似乎是瓦解,是松散,但实际上,你是在重新寻找平衡。

第 147 日

你拥有的每一样东西,其实都只能拥有一阵子,过后就不是你的了。在你的有生之年,每一样东西都是借来的,都是暂时的。可是,你对待人生的态度,就好像是你能永远活下去一样。每一天,你都想着,明天吧,等到没那么忙,等到孩子们长大一点儿,等熬过了这一阵子,等到盘桓心间的问题自动得到解决,你就允许自己真真正正地活在当下。你总觉得离自由还差一步,但这一步不是向外的,而是向内的。向内再走近一步,你会意识到,其实条件都已经齐备,一切已经足够。

第 *148* 日

爱具备最高的频率,因此当爱出现时,就会带来转化性的能量。如同门打开了一道缝,光束射入黑暗的房间——一旦爱出现,恐惧就开始消融。如果你需要改变,那么你就需要爱,因为爱本身就能改变一切需要被软化、被照亮、被重组的事物。

第 *149* 日

带着爱看待自己,并不意味着无视自己的不完美,不去修补内在的伤痕,不去成长。它意味着,你相信自己能够获得疗愈,相信自己有足够的力量继续前行。不仅仅是扛过明天,扛过下一周,而是能朝着自己的渴望纵身一跃。它意味着,你知道自己可以相信自身的稳定性,你可以扛过头顶的风暴,可以坚定地走完余生。

第 *150* 日

如果渴望不能被直接表达出来，就会通过各种潜意识的、别扭的、隐匿的方式呈现。内在的东西需要出口，当我们愿意去实现这些渴望的时候，心智就获得了机会，去寻找最健康的方式，来满足这些最深层的需求。

第 151 日

如果你愿意正视自己的缺点和失败,并且做出改进,那么,这份勇气将标定出你心灵的边界和灵魂的深度。你是否转错了弯,这不重要,重要的是你愿不愿意想办法回到正路上。

第 152 日

如果你能把有史以来担心过的每一件事都列出来，比如每一件你认为自己扛不过去的事、每一个你以为永远找不到的答案、每一个令你感到末日来临的恐惧……你会发现，这一桩桩、一件件都安然过去了。虽然你满腹怀疑，虽然你不敢相信，但向前的道路已经铺就。随着时间过去，你会渐渐看出其中的神奇。你会渐渐理解，为何事情必须按照这个样子精确无误地铺展开来。你会意识到，如果你不曾按照这个样子获得现有的这些经验，你就会错失那些必要的功课、工具与智慧，而正是它们把你塑造成了今天的你，那个一直推动你前行的人。回顾过去，你会发现，虽然你历经了那么多迂回和曲折才一路走到这里，但你也会看出一切因缘背后的意义。

第 153 日

没错,若要在这世上开辟出一条自己的路,那感觉一点都不舒服。是的,沿着被人走过无数次的道路往前走要简单得多,因为那条路既确定,又清楚。可是在你内心深处,不用说你也知道,你本该做到更多,你来到这个世上,是为了做一些更重要的事,你的整个人生都在为它们做准备,等着你做出选择。若是带着这种感觉生活,那可远远谈不上舒服。当选择的那一刻来临,请你学着超越原先对自己的期待吧。请你心怀信念。在没人相信你的时候,相信你自己,这是因为,正是由于你持续不断地为实现愿景而努力,才能让愿景从想法变成整个世界都能看到的事实。

第 154 日

真正的"人生转向",指的并不是从一条外在的道路转向另一条,而是不再单纯凭借这些年来别人给你的地图来导航。它并不意味着转向一个全新的方向,而是要先向内走,去学着听见内心中时时刻刻都存在的指引。它意味着,你要学习信任自己,学习倾听。它意味着活得更加内外一致、更加完整。它指的不是用世界更能接受的碎片来重建自我身份,而是要彻底解构这个信念:你必须要符合某种模板才行。

第 155 日

看见自己身上最美好、最珍贵的特质是你的职责。因为能够意识到内心蕴藏的爱的人,能够相信自己的人,会以完全不同的方式度过一生。这样的人更善良,更完整。这样的人更懂得宽恕,更懂得接纳,也更愿意学习,更愿意共情,更愿意看见优点。无论你认为这个世界缺失了多少善意,其程度与你心中蛰伏的爱大致相当。唤醒它,放它自由。

第 *156* 日

追随那个你认为最有意义、最值得为之努力的愿景,而不是外部世界一遍遍地描绘给你看的光鲜景象。人们以为,若是按照那种"不枉此生"式的路数生活,快乐总会找上门来。按照你自己的喜好、你自己的标准、你心中的宁静程度来设计你的人生。做决定的时候,不要依据事情表面的样子,而是要看它带给你的感受。

第 *157* 日

注定属于你的东西依然在等待你。即便你曾经失败过,即便你感到已经卡得无法动弹,都没法想象明天能不能熬得过去。即便你搞砸了每一个天赐的机会,即便你不相信自己,即便你感到害怕,即便你不确定事态如何才能好转,即便没有一个人能够理解你。你依然拥有全部的潜力,完全可以成为你想要成为的人。时机永远不晚。

第 158 日

通往未来人生的大门往往不易察觉。那是一种非常细微的直觉：有一段旅程需要你走，有个地方在等待你看见，有段体验需要你去拥有，有一个人在对岸等待着你。走过了许许多多个门口之后，你迷失了方向，但前方永远还有更多。永远还有很多美好的体验在等待着你，等着你全心全意地选择它们。

第 *159* 日

　　成长存在于你的反应之中。疗愈存在于你选择成为的人之中。无论你曾经做过什么，或是以前发生过什么。当你寻找经验和教训，你找到了乌云背后的银边。当你汲取了这些经验和教训，你领悟到了"欲达巅峰，先涉谷底"的意义。你渐渐明白，人生的真意不在于你获得了多少，或是成就了什么，而在于这个过程中你成为了怎样的人，在一日之中你保持清醒觉知的时间有多长，对于心中那些看不见的奇迹，你的相信程度有多大——那些奇迹正在等待你将它们释放到世界之中。

第 *160* 日

人生使命并不是某个具体的行为,而是一种行走于世间的方式,这种方式让你触碰过的每一样事物都比之前多注入了一点点爱。它是一种存在的方式,这种方式给予你更温柔的双眼,让你有能力比他人看到更多一点的潜力,更多一点的希望,更多一点的可能性。它不是你做的任何一件事,而是你"成为"的方式,成为你选择成为的那个人。

第 *161* 日

你想出了一个新想法,可它超出了你给自己施加的限制,此时,我希望你不要奋力维护那些限制。我希望你别再花精力去想为何你干不成,你可以把精力用来设想怎样才能干成。我希望你能学会跳出条条框框思考,因为那些条条框框都源自你以前对可能性的假设。我希望你能够告诉生活,你的终极目标是什么,我也希望,当生活将抵达的方法呈现给你时,你能够认真倾听。

第 *162* 日

真正的你，不是出现在周五的那个人，不是简历上描述的那个人，也不是别人把你塑造出来的模样。你是那个早晨醒来、坚持过好每一天的人。你是那个带着伤恸哭泣、又以心中余下的全部希望去爱的人。你是那个敢梦想、敢尝试、会失败、也会回归到真我状态的人。比起表面上显露出来的样子，真正的你要远远丰盛得多；比起那些只看表面的人看到的样子，真正的你要远远丰盛得多。

第 *163* 日

你的内在声音要么阻碍生命的赐福,要么就欢迎它们进来。对于那些发生在你身上的事、你接收到的东西,如果你改变思考和谈论它们的方式,你就会发现,事情的光明面往往取决于你看得有多仔细。奇迹依旧在发生,无论你有没有意识到。

第 164 日

如果你想持续不断地向外探索,你的内在就需要持续不断地得到滋养。当你感到自己比以往任何时候都需要休息和慰藉时,请你记得这一点。这很有可能是因为你正在以史无前例的方式成长和拓展。

第 *165* 日

要想顺利走完余生,你基本上只需要知道一条指导原则:你感受最强烈的事,就是接下来需要发生的事。不必担心它怎样才能发生,也不用去想它将把你带往何处。持续前行就是法宝,它会帮你把生活变成梦想中的模样。

第 *166* 日

在静默无声中蕴含着如此强大的力量。你允许自己生长、盛放，不让任何额外的能量干扰方向，不让任何杂乱的光线影响注意力，令你偏离焦点。在你没说出来的话语中，在你有意选择不说的话语中，蕴含着如此强大的力量。

第 *167* 日

当你努力去成为想成为的那个人的时候,注定属于你的东西会主动来找你。特别常见的是,你盯着自己的生活,细数每一件你以为错失了的东西,以及你希望得到的东西。但你很少问自己,现在你有没有成为这样的人:不仅能接得住你想要的东西,还能实实在在地欢迎它,全身心地感受它、品味它。你想要的并不是某个特定的人、境况或事物,而是一种感受状态:一种你从来没有碰触过的体验层次。这种状态不是因为某些东西到来才出现的,恰恰相反,是你先在内心中努力探索到了一定的深度,某些东西才会到来。你周围的世界犹如镜子,映照出你的内在。

第 168 日

如果你从此不再做那些自以为显得很酷的事，而是开始全身心地投入那些最能让你感受到生命活力、让你感到"这就是我"的事，你的生活会是什么样子？你能想象得到吗？我来告诉你吧：你会过上一种仿佛是由内而外建造出来的人生，你的梦想会成真。而与此形成鲜明对比的生活是这样的：你觉得自己就像一个陌生人，与内在失去了联结；你每天依然做着该做的事，却感到十分疑惑，那些事情得到了这么多旁人的肯定和赞誉，可为什么你心里还觉得空荡荡的呢？一个值得玩味的事实是，无论你选择走哪一条人生道路，总会有人赞同，有人反对。但区别在于，当你的生活源自真实的内心，你就会渐渐地吸引到你真心想要的人、地方和体验，而不是那些你认为自己"应该"想要的。

第 *169* 日

有时,生活中出现的扰动就像是深水表面的涟漪,揭示出水下地层有道看不见的裂缝。很久以前,你将某个梦想搁置起来,但它依然活在你的内心,不肯让你完全融入与它不一致的生活。你清楚地知道,在你内心深处还有更多东西,即便你一点都不知道该如何找到它们。你没法让它们运作起来,是因为你心底还有一个小小的部分不想这样做。有个小小的部分想去往另一个方向。表面上的重复失败,往往是那个给予你生命活力的内在导航系统在指引你,让你走向此生最重要的生命体验。

第 *170* 日

如何才能彻底停止担忧？你意识到，能够应对生命中某个状况的、那个版本的你，必定会在那个状况发生的那一刻诞生。无论道路把你带向哪里，或是你将去往何处，在状况出现的那个时刻，你所需要的那个版本的你必定会在需要的时候出现，分秒不差。你无法让每一个版本的你同时并存。生命的不同面向需要不同版本的你。知晓这些会让你找到平静：你有不止一个层面，在这些可见或不可见的层面之间存在着一种力量，这种力量比你可能会遇到的任何状况都强大。

第 171 日

在宁静中,你会遇到最难以否认的真相。这就是为什么有那么多人选择忙忙碌碌,不停地分心,还把周遭的噪声音量调到最大,这样就可以不去理会那些内心已经知晓的东西。当你察觉到自己不肯慢下来,问问自己,你不想看见的是什么。这个领悟会放你自由。

第 172 日

如果你百分之百确信，某件事让你觉得不对劲，那就不要做。即便这会让某些人失望。即便你认为自己应该走的路会因此而中断。即便这会吓坏你。即便这会挑战此前你自认为知晓的一切。如果你百分之百确信，某件事让你觉得不对劲，那就不要做。这是因为，有一天，你终会在回顾时发觉，恐惧与直觉不一样。一个是可以被说服的，而另一个非常坚定。当你发现内心中存在这种坚定的感觉时，请尊重它。这个指引来自你内心深处，也来自遥远的地方。

第 173 日

最阻碍你全心投入生活的,莫过于"活在他人的头脑中"。如果你抱持着无意识的信念,认为要体验爱,就一定要从他人那里得到,那么你就会勉力塑造出"你是谁"的外在形象,而不是去构建"你可能成为谁"的真正现实。当你渐渐认识到,你不可能真正掌控他人看待你的方式,你所做的只是投射和假设而已,此时你就能解脱出来了。你想象出来的、你在他人眼中的模样,更多反映的是你的潜意识,而不是外在对你的感知。认识到这一点会解锁你的智慧,帮你看清你想成为谁。与其努力让他人用特定的方式看待你,还不如让自己真的成为那个样子。这就是"浮泛地过一生"与"全心投入"之间的区别。

第 174 日

如果你持续不断地把充满爱的想法给予自己，你就能围绕着自己渐渐修筑起一个庇护所。你渐渐成为自己的安全岛。你开始构建一个信念系统，它深深根植于你对自身的确定性。外部世界和它的意见对你越来越不重要，因为你的地基与他人如何看待你、消费你、回应你都毫无关联。你开始意识到，你对自己的体验是完全独立自主的；它不和别人对你的肯定程度或赞赏程度挂钩。因此，你开始围绕着自己打造出一副铠甲，这副铠甲不会把爱拦阻在外，而是为你分辨什么是真实的，什么是值得的，什么是可以进来的。

第 175 日

成为自己是灵魂的功课。它意味着，你要去触碰自我最深层的部分，然后把它们带到光亮处。它意味着，你要不断向自己提出最艰难的问题，直到寻获最真实的答案。它意味着，把你不想要的那些应对机制彻底扔掉，持续使用那些你想要的。它意味着信守承诺——首先就是对自己。它意味着，你要学着看见自己身上最善良、最美好的部分。它意味着找到并活出真正的自己。它意味着看见自己的心魂，并将之显化成型。

第 176 日

是的,事情会变,而且速度往往比你意识到的快,结果也比你想象的好。你必须找到勇气,敢于承受不舒适,敢于面对和处理。但更重要的是,你必须清楚地认识到这一点:生命的上一个篇章与下一个篇章很可能极为不同。你会有其他机会去成为你一向想成为的人,去体验你一向想获得的体验。无论你是否有信心,事情真的会变。世上很少再有这么确定的事了。

第 177 日

拥有宏伟命运的特征之一,就是事情不会为你马上发生。会有延迟,会有意料之外的静默期。你为自己制订的计划被打乱了,生命要你勾画出一幅新愿景,一个比你当初能想象到的更广阔、更美好的愿景。这样的"休息期"实际上是生命给你的机会,它希望你修习自身的功课,为你想成为的模样而投资。它希望你获得疗愈,学会放手。身处这样的时期,不要只是忍耐或等待,而是要好好利用它。它们是静默无声的礼物,终将把你带领到你真正要走的道路上。

第 178 日

躲避不开令你痛苦的因素时，该如何疗愈自己？你要学着设定界限。你要学着接受这一点：没有一个人能够彻底躲开世上的伤痛，躲开另一些破碎的心，躲开不可避免的压力。你会学到，反正人生旅程的意义从来都不是躲开那些东西，它的意义始终都是增强自身的力量，由内而外。请你锻炼你的心智，让它能更加敏锐地察觉到自己的喜好。采取行动时，不要出于冲动或责任，而是要出自真正的选择，出于自我保护，出于自爱。你向内看，看见那些在最困扰你的人身上看见的、属于你的部分，然后努力去疗愈它们。你渐渐学会提出需求。你做出必需的改变，随后你注意到是什么在渐渐地缓解紧张感。你注意到，外界的境况并没有变得松弛，但你松弛下来了。你已经改变了当下的时刻。

第 *179* 日

如果你能够发自内心地相信,自己值得拥有美好的东西,那么这场仗已经打赢了一半。这意味着,你渐渐学着认可自己的所有优点和优势,就像你总能看见自己的短处一样。你渐渐明白,你值得拥有良好的感觉,不为别的,就是因为你是一个尽最大努力生活的人,因为生活从来都不局限于"把你拉出以前的舒适区",而是要教会你在那儿建起一个家。比起其他任何人,你最应该为自己争取最好的东西。这是一切的起点。

第 *180* 日

关于坚定不移,这不是说你在生活中只能沿着直线往前走,而是说,你能够不断回到那些最能让你感到松弛、内外一致、因为无尽的可能性而感到欢欣雀跃的事情上。这些事情看似是从外部世界唤醒你的,但实际上它们是你自身的某些部分,实时地呈现在你眼前。整个世界就像一幅由滴落的墨水绘成的画,画布上的形状没有意义,也没有清晰的边界,而且以无法预测的方式流动、融合。重要的并不是这张画上画的是什么,而是你从这些图像中看见了什么。

第 181 日

或许你得到了第二次机会。或许你可以将画布清空,从头再来。或许这次危机开启了你的第二人生,或许有一天你会看到它的意义。或许等到这一切过去,当你终于可以再度从容地呼吸的时候,你就不再将生命中安宁平和的时刻看作理所当然。或许你只能通过目前的这种方式,才能学到该学的东西。或许发生的这一切自有用意,或许要不了多久,你就能清清楚楚地看到这背后的用意。

第 *182* 日

如果你的爱没有得到回应,那只是因为你们的能量不同频。这不是因为谁比谁更矜贵,也不是因为你的特质、优势或负担给你加了分或减了分,从而让对方看得上你或看不上你。说到底,这是因为双方的路径与发展态势不能顺畅地匹配。这并不意味着任何一方的方向出了错,而是说,有些时候,"想转到另外一个人的道路上"的念头很可能是一种逃避,因为这样你就可以不去面对那躲不开的内在功课了。当然,这种念头是徒劳的,因为事情往往是这样:为了躲开内心的魔鬼,我们牢牢地抓住某样东西不放,可恰恰就是这样东西将我们带到了魔鬼面前。放手吧。你紧抓不放的这些东西,永远不会把你带向你该去的地方。

第 *183* 日

如果你爱上了不爱你的人,你的爱也并没有浪费。被拒绝可能是痛苦的,但这并不意味着你没能力与人建立联结。如果你不断练习,并且有清晰的意愿,对那些最不愿意接受你的爱的人,你也依然愿意给出爱,那么假以时日,你的爱的能力会不断增强。此时,你的旅程就会成为一场甄别之旅。重点不在于你爱的方式,而在于你爱的对象。

第 184 日

当你发觉花园里长出的植物并非你想要的,你完全可以把已经种下的种子挖出来。你完全可以重新开始。你的想法和别人的不一样,想要的东西和别人不一样,生活方式和别人不一样,都是完全可以的。定义你的旅程的是这些东西:你以怎样的方式讲述故事,到了合适的时机,你有多大的意愿讲述一个全新的故事。

第 185 日

如果你被困在一个模式中,如果你感到自己仿佛在对抗洋流,无论你多么努力地游向远方,浪头总是把你推回岸边,那就请你先站稳,然后再回头看看你在逃避什么。把它拆解开来,深入它,体会它,只要一会儿就可以。作出评估,提出问题。或许你缺乏的并不是力量,而是策略。有些时候,当你撞上了墙,并不意味着你要变得足够强大,直到把它推倒,而是你需要变得更加明智,这样才能看见其他的路。有些时候,生命要求你找到一条更容易走的路。

第 *186* 日

头脑会以你察觉不到的方式对抗你。重复旧习惯的冲动会让熟悉的不适感变得无比诱人。你会过分关注负面的东西,因为它们看上去像是明显的潜在威胁。你是一个尚在进化之中的生物,努力地操作着一台残缺不全的机器,而这台机器是为了应付至为粗疏的"生存问题"而设计的。当你觉察到这些冲动,并做出相反的选择,一次又一次,直到它变成你的直觉,直到你的大脑建立起新的回路,你就成长了。当你活在唾手可得的舒适感中,就会错失无限的美好:在看似存在的边界之外,存在着无限的可能。

第 187 日

爱情确实无法重现，因为两个灵魂之间的化学反应，还有小宇宙的融合，会塑造出一个独一无二的世界，产生无法复制的化合物。失去这些，毫无疑问值得哀悼，可是啊，夕阳也从来不会把天空渲染得跟前一天一模一样。世上确实有些机会，早上抵达了你的门口，下午就不会再重来。有些时刻，恰好的人出现在恰好的时间，又有足够多的、共同的生命线索将你们拴在一处，交汇的共鸣让你们感到安全和被了解。有些夜晚，你们欢畅地大笑着，一同迎接月亮升起，此后你永远不会再像那般年轻。是的，那样的爱是无可比拟的，可世上也还有其他精致美好的事物。找到它们。让它们淹没你吧。

第 *188* 日

智慧是自我探寻的产物。它不是时间的产物,因为时间只是可以保持空无与未使用状态的空间。它也不是阅历的产物,因为未经审视的生活没有被充分内化,也不曾被深刻地理解。智慧源自问出那些或简单、或艰难的问题。它源自两部分自我的相遇:一边是至为温柔、孩童般纯真、知晓答案的部分,一边是最辽阔广大的部分:这个部分的我们愿意立即看见生命的全貌,愿意记住哪些东西真正重要,哪些东西真正值得我们投入精力。

第 189 日

你心中闪烁着微光的那个部分，是至为脆弱的。它是如此轻盈明亮，如此充满希望，让你最想用双手轻轻拢住，好好保护。但你可能没有意识到的是，它也是最坚固的。不能弯曲的东西会在压力下折断，但你内心中充盈着生命活力的那个部分是流动的，就像花儿一样绽放着，它从来不会真的离开你。它有能力吸收冲击，然后以自己的方式重组。它无需反驳外界的批评，相反，它不做回应，因为它知道没有外力能够贬损它。没有任何因素能够真正威胁到它，除非你自己不愿意让它从容自然地存在。

第 *190* 日

你没办法逼迫疗愈快点完成。你只能发出这个愿望，然后允许它自然发生。如同一场大雨中的每颗雨滴都必须在大地上找到自己的位置，你身体中的每一个感受都必须被充分地处理并释放。这个过程不会遵照你制订的时间线。当你以为水面已经静止不动时，它会再度掀起波澜。你放下的并不是某段经历、某个人、某个地方，而是你以为自己会成为的那一切，你以为已经失去的那一切，以及必须要慢慢自行松开、以免把你压垮的那一切情绪。这需要时间，所以给自己时间吧。在这个静静的避难期，你获得的，将远远超过你以为会失去的。

第 *191* 日

有时候,世上最强悍的事就是,当每个人都要求你站稳脚跟,不许往前走的时候,你敢于轻快地迈步;你敢于放弃那些轻松愉快的小事,让自己去关注一些更严肃、更深刻的话题。有时候,世上最强悍的事就是,在一个想要掐灭希望、扼杀自由灵魂的世界里,你敢于继续心怀希望,继续做一个自由奔放的人。有时候,你在这世上的使命并不是你做出了多少丰功伟绩,而是你成为了怎样的人,你选择成为怎样的人。

第 *192* 日

说到抗拒，它给人的感觉就像是你要把某件东西推开，但有时候，它也标志着你受到这件东西的吸引，其程度比以往任何时候都强烈。当某件事给你的感觉是斩钉截铁的"不"，你心里是清晰的、中立的、不为所动的。当某件事如此强烈地吸引你的时候，你把它反推回去，因为你害怕失去控制，害怕失去自我。有时候，最让你感到紧张的不是你想推开的东西，而是你伸手去拿、想要拉近一点的东西。这样东西足够重要，以至于令你感到有些害怕。这正是你真心想要的。

第 193 日

允许下一个时代开启。给自己一个机会，去尝试新事物，去试验，去思考会不会是自己错了。让自己去反驳昔日的、旧版本的自我。不要因为改主意而道歉，不要让小我把你向后拖。给自己一个机会，去做你一直想做的事，去成为你一直崇敬的那种人。是的，这趟旅程肯定不会丝滑顺畅，但是，当你努力活出内外一致的人生时，你会寻获一种特别的宁静。

第 194 日

你是诸多矛盾的集合，是各种体验的融汇，其中有痛苦，有欢畅，有久久不能释怀的伤痛，还有璀璨的可能性在其间熠熠生光。你可能想用一个所能想象到的、最清晰明确的自我概念来给自己下个定义，但真正的自我实现的旅程是拥抱自己身上同时并存的每一面，是悦纳它们，同时也明白它们有些是互补的，有些是相互矛盾的，有些还格格不入，有些似乎毫无道理，面对它们不一定每次都让人感到舒服。但是，努力去理解和处理它们，正是成为完整自我的过程，也是让整个人生自由绽放的过程。

第 195 日

评判他人并不会限制他们的潜能，只会在你自己周围竖起一圈名为"期望"的围栏。评判这回事呢，看起来好像是向外的，但实际上是向内的。你认为哪些东西可以接受，哪些不可以，然后围绕这些制订出你自己的规则，之后你必然要遵循它们去生活。找理由去批判另一个人的人生旅程是要花时间的，你在这上面花的时间越多，你自身的进步和成长就被耽搁得越多。对自身的不赞同是一副重担，疗愈即是从这副重担下解脱。你把你的限制性信念和对周围人的看法绑在了一起，而疗愈即是解绑。同时你还会发现，你对他们的看法在多大程度上是你的投射，把存在于你内心的东西认为是他们的。当你评判的时候，你其实是在惩罚自己，而不是在批评其他人或其他事。

第 196 日

做自己需要莫大的心力。将最真实的自己展现给世界,即便没有得到所有人的认可,或是没有被看见的时候,也能处之泰然,这都需要莫大的勇气。不再追随来了又去的潮流,而是稳稳地坚持自我,这需要莫大的自信。这一切都需要极多的付出,而且也极为重要,因为我们的自我概念是每一桩人生体验的基础。它就像一个过滤器,我们的一切认知都要经由它。当你坚定地把握住自身的真相,你可能会失去某些人的赞同,但你将会得到什么?那是无法估量的,是无垠无尽的。那就是一切真意所在。

第 *197* 日

直视自己的双眼，对自己说，你没事的。你没事，不是因为每件事情都完美，或是都能按照计划发生。你没事，不是因为世界上每一个人都喜欢你，而且你的心不曾遭受过一点点伤害。你没事，不是因为你确凿地知道今后每分钟会发生什么。你没事，虽然有无数理由告诉你，你不会没事。现如今，你依然站在这里。你依然在这儿，依然在平息内心的风暴，依然在寻找答案，依然在努力尝试，哪怕这种"努力尝试"看上去不过是你愿意再扛过一个夜晚。

第 *198* 日

有一天,你会看见自己的力量。你渐渐意识到,那些仿佛压迫着你体内每一条神经的事,开始慢慢松动,穿越你而去。你会直面那些你一度最害怕的事情,并且走到对岸,安然无恙。你会意识到,借由你面对的那些事,你找到了最深层的勇气,并且,在此后余生,你都会一直带着它们。

第 *199* 日

你的能量会回来,你对生活的热爱会以各种最为微小的方式,再次从心中涌流而出。你原本就不可能一直输出,一直扩张,一直流淌。生命中会有一些时期,就是需要你向内看,需要你收缩和沉淀,需要你退潮,需要你从这些转变中学到至关重要的功课。当你将自己视作一个有机的生命体,就能更加从容地看待自己的天然四季。你原本就不可能一直开花的啊,正是因为这个,你绽放出花朵的那个时刻才显得尤为特别,尤为珍贵。

第 200 日

不要容许希望之光随着时间渐渐黯淡下去。无论这个世界从你这里夺去了什么，不要让它夺走这些信念：新体验是有可能发生的；有朝一日，另一个篇章会开始的；新的人生会从废墟上建立起来。如果你只能抱持一个信念，那就紧紧抓住这一条吧：改变不但是可能的，更是不可避免的。事情会变得与之前不同，而且会变得更好。

第 201 日

你的内在还有更多丰富的蕴涵。我知道,你感到精疲力尽,就像走到了尽头一样。但走到尽头的只是目前这个版本的你。曾经的那个你已经做到了能做的一切,而你现在已经做好了准备,可以开启进化的下一阶段了。你已经做好了准备,开始彻底转变成全新的你,你还会发现,你的内心中有那么多关于"存在"的渴望,而你之前从没想过,还可以把这种状态活出来。给自己空间和时间。全新的奇迹正渴盼着从痛苦中显现。

第 202 日

你或许会用经历了多少艰难困苦来定义自己,然而,别人用你的灵魂来定义你。你或许只看见了自己内心中的恐惧,然而,别人看见了你为世界带来的美好,看见了你朗声大笑的模样,看见你陪伴在所爱之人的身边,看见了本真的你那明亮的光芒。别人看见你的天赋,你的优点,你的善良。有时候,你得学着像别人看待你那样看待自己,别人没有在严苛地评估你是否值得被爱。你就是爱本身。把它释放出来,允许它被看见,被接受,允许它加倍返回到你身边。

第 203 日

经历了世界施加给你的这一切磨难之后,你依然还在,把梦想高举到光芒之中。你依然还在,在寻求疗愈和改变。你依然还在,即便只剩下寸许的希望。你依然还在这里,因为经历了世界施加给你的这一切磨难之后,你心中的火焰也没有熄灭。磨难没能夺走你的力量,你依然在思索,没准另外一条路能走通。这意味着什么?这意味着,这种力量将支持你一路走到对岸。

第 204 日

你将学会运用内心的宁静。你将学会判断哪些仗值得打,哪些不值得。你将学会倾听内在那些侵入性的想法,并且不再相信它们。你将学会在面对挑战的时候不预先假定自己会失败,而是去尝试,真正地尝试。你将学会,能力不会无声无息地自动变强,而是练习的结果。事情并没有变得容易,但你变得更有韧性了。你的意愿变得更加坚定。你能更加熟练地把自己带回内在的中心,然后再试一次。

第 205 日

当你愤怒的时候,什么都别说。当你的灵感被激发的时候,朝着点亮你内心的那件事奔去。当你爱上某个人的时候,细品爱的滋味,把爱表达出来。你以为单凭想法和情绪就能决定灵魂的氛围,但实际上,是这些想法和情绪引发的行为最终塑造了你的现实。在情绪变得不稳定、喧闹和快要失控之前,学着聪明地回应情绪提出的要求。

第 206 日

学着不把事情搞得过于复杂。允许事情如其所是，允许他人如其所是。有时候，我们特别渴望把自己的体验剖析得一清二楚，但这未必意味着追求深度，而是代表着怀疑，或是信念不够坚定。人生中确实有些时期就是用来自省和评估的。有些时候，你就应该审慎地思考，想清楚你想做什么事，想成为怎样的人。但也有些时候，你只需活在体验中就好，你只需去爱，去大笑，不必担忧路会通向何方，或是你会错失什么。有时候，真正的智慧就是单纯活在当下，让其余的一切如其所是。

第 207 日

对的人引领你回到自身。他们令你想起这些年来你失去的每一片自己。对的人令你变得更像是你一直想成为的人,那个你一直悄悄地藏在心里的模样。对的人会鼓励你,启发你,往往无需言语。他们活出了真正的自我,这种真实的存在唤醒了你心中如此相似的东西,你感到别无选择,唯有抖擞精神,允许它尽情绽放。对的人无需通过言传来教导你,他们只需活出自己本真的样子。

第 208 日

你要么看到结束,要么看到其中蕴藏着的新开始。你要么看到,你正在过着年轻的自己一度梦想的生活,要么看到,你依然在等待更多。你要么看到暴风雨在扰乱你的道路,要么看到它在纠正你的方向。你要么认为时间是漫长的、徒劳无功的,要么认为人生是短暂的、珍贵的。你要么将神秘视作未知,要么将之视作无限的可能。你有对人生的阅历和体验,也会向自己讲述关于它们的故事。随着时间渐渐过去,那些故事成为你认定的真相,而其他的细节都随风远去。随着时间渐渐过去,你如何撰写那些叙事,决定了你如何体验现实。

第 209 日

做一个敏锐的人,去深深地感受,让那些情绪把你锻造成最完整、最真实的你;愿意敞开内心的最深处,每一次都把自己带向新的觉知,这是神圣的。悦纳身上最具人性的部分,让自己成为一个最诚实、最真挚的人,这是神圣的。许多人只是在这世间走了个过场,而你能够感受这个世界,这也是神圣的。永远不要让人把它夺走。

第 210 日

像绝大多数人一样,你真心想要实现的目标,是在一天中至静至简的时刻里,感受到内在的宁静。要达到这种境界,唯有通过一次又一次的练习,摆脱那些充满诱惑的、只会带你走向自我毁灭的想法。要达到这种境界,唯有让自己适应一种崭新的运用时间的方式,在你从未知中雕凿出的全新人生中感到从容自在。"终点"不是某个要抵达的地方,而是你成为自己的方式。

第211日

你的人生中有些事情必定会发生,无可避免。无论你身在何处,与谁同行,无论你为自己选择了怎样的道路,这些内在的东西必定会显现出来。有些事就是注定的,这倒不是因为有谁为你选定了它们,而是因为它们在你的内在鲜活地存在着,渴望在外部世界显化出来。

第 212 日

你来到世间,是为了成长,而不是为了得到什么或积攒什么,不是为了成为别人眼中的完美形象,或是拥有世上的全部魅力。你来到世间,是为了深入内心,是为了学会放手,是为了完成未竟的心愿,为了划上句点。为了爱,为了爱。当你感到自己想要牢牢地抓住成功、安全感、成就感的时候,请你想起这一点。你是一个自由奔放的灵魂,栖居于暂时存在的外在形式之中。你来到世间是为了探索,然后书写完全属于你的故事。别让自己拒绝这个使命。别让自己拒绝冒险。

第 213 日

如果你学着爱上神秘，爱上未知，爱上尚未有答案的事，那会怎样？如果你不再害怕尚未得到的答案，而是换上一个崭新的视角，即你正等着发现一些如此深刻、如此瑰丽、如此不可知的事物，那会怎样？如果你真正想要的，是一层接一层地去体验这些答案，那会怎样？如果你真正在等待的，是成为一个能够至为深入地感受人生的人，一个真正做好了准备的人，那会怎样？

第214日

你紧追着幸福,是因为你怕它溜走,可你牢牢地抓住痛苦,深信它会成为你人生中永恒常在的部分。之所以会这样,根本原因是,你认为你的内在状态是不舒适的,但实际上,你拥有内在的平静,它是你始终可以返回的家园,是你始终可以回归的地方,无论你漂流了多远,它也始终会再度出现。你用恐惧把自己的情绪状态包裹起来,它让你抗拒情绪。这份恐惧来自于你对"你真正是谁"这个问题非常底层的误解。就让情绪刺痛你,然后让它走。让它在这个过程中教会你一些东西。当你再一次在平静中醒来,请你记得,湛蓝的天空永在。即便光芒会被遮挡一阵子,带来暴风雨的乌云也终会过去。天空总会恢复澄澈。湛蓝总会回来。你总会回来。

第 215 日

你以为人生旅程的意义是满足别人,但实际上,是你学着去满足自己。你学着发现什么是你需要的,什么不是;什么能令你感到充实,什么不能;谁能跟你同频共振,谁不能。你有设定界限的权利,由你来决定哪些东西适合自己。你之所以存在,不是为了迎合别人的需求。你是你自己的宇宙。

第 216 日

我希望你能拓宽你所认为的、可能性的边界,我希望你能跨越它。我希望你能让恐惧引领你,深入人生旅程中最神圣、最重要、蕴藏最多宝藏的部分。我希望你能与人建立联结,而其中最首要的就是和自己的联结。我希望你不要把此生变成一连串的确定事项,就像平常打勾划掉的待办清单一样。我希望你能真正地活着。我希望你能让活着的感觉给你惊喜。我希望抵达对岸的那个你,能远远胜过你对自己的设想。

第 217 日

一颗诚实的心是罕见的。这样的心愿意真挚,愿意诚恳。这样的心足够强韧,无论受到多少次挫伤,也可以一直去爱。讽刺与愤世嫉俗的态度犹如盾牌,你用这样的方式轻视人生,这样它就不会真正触碰到你。可这种态度会把你和你的亲身体验渐渐隔绝开来,直至有一天,你醒来之后发现,身边虽然围满了人,可你却那么孤单,你那么忙碌,却那么空虚。如果你想拥有一个丰盈充实的人生,就必须愿意向它敞开自己。让它扑面而来,让它包围你,让它触动你,让它改变你,让它放你自由,让它令你再度拥有情绪和感受。就让沉重的东西刺痛你,让疗愈解脱你,让自己穿行而过,同时不过于执着。你来到世间是有因由的,想要理解这个因由,唯一的方法就是借由亲身的体验,细细地解析它。

第 218 日

你当前的体验,将会构建出未来的你。你来决定这些体验如何塑造你,是让你的内在变得更加深刻呢,还是弄得你遍体鳞伤,几乎无力走出藏身之地。你来决定如何对待伤痛,如何对待希望,如何对待每一件来了又走的事。你来决定自己想成为什么样的人。

第 219 日

我希望你能学着用更宽容的眼光看待自己。我希望你能够明白,不一定非要遵照外界制订的规则生活。我希望你能放自己去休息,去做真实的自己,并能从中发现美好。我希望你用最简单的方式滋养自己,我希望你即便心存疑虑,也能选择相信自己。我希望你能多看看自己的优势,少看缺点。我希望你能明白,比起你以为的那个自己,真正的你更为辽阔广大,更加美好丰盈。

第 220 日

你以现在的样貌,在这个当下,出现在此地;在千千万人之中,你与寥寥几个灵魂相遇,并产生了深深的共鸣。要让这一切精准地发生,得需要多少机缘巧合!想想这些,我希望你能悟到点什么。即使你很难说清那领悟是什么,我希望它能让你意识到,这一刻是多么弥足珍贵、根本无法复制。我希望它能让你相信,或许除了那个让行星围绕轨道运转的万有引力之外,还存在其他的力量,或许还存在一种引力,将你直接拉向你注定要去的地方。

第 221 日

你原本就不该去掌控他人的情绪体验和感知。你应该做的,是在自己的内在找到完整,找到属于自己的平静。你真的打算紧盯着自己的生活对他人造成了什么影响,却从不曾意识到,自己体内的那颗心在带着爱跳动?你最先需要照料的,是自己内在的和谐一致。向内看不是自私的行为,而是真正的善举。唯有当你意识到,必须先平息自己内心中的风暴,你才能不再把雨水浇向他人。

第 222 日

未来的迹象存在于历史之中。将来你会看到,当一切未竟之事都以最神秘难解、最机缘巧合的方式获得圆满,过往的岁月必定会汇聚成一个巅峰时刻。请你相信,你的人生自有使命,无论生命中的经历令你多么痛苦、多么困惑,到最后你会发现,没有一段是白费的。

第 223 日

怎么才能知道接下来该怎么做？你诚实地问一问自己，90岁的你会给你什么建议，他会希望你做什么。你诚实地问一问自己，你从一开始就感觉到了什么，你忽视了什么，你按捺住了对什么事的热情，你转移自己的注意力，免得去做什么事。你列出利弊清单，然后权衡后果。如果左栏里有一条足以抵过右栏里的十几条，请你相信它。你问问自己，哪一条道路更有可能让你成为你注定要成为的人。

第 224 日

在你放弃某些行为之后,生命中一些最美好的感受便会流动起来。你不再努力成为另一个人,不再把他人的意见看得比自己的还重。你不再努力坚持过时的计划,也不再强行把不匹配的图块拼在一起。有时候,坚持不等于死扛,而是知道自己在人生路途中必须要放开什么。

第 225 日

一天结束之时,我们渴望的都是一个温柔的栖息地,一双愿意拥我们入怀的臂膀,一个愿意倾听我们的人。我们都一样,我们想要的只是被爱,被了解。当你感到理解他人很困难的时候,请你记起这一点。寻找同理心。虽然我们的外在面貌各不相同,但在内心深处,我们并无太大区别。

第 226 日

当你描述一朵花的花蕊、夕阳或是生命中最美好的夜晚的时候,你能说出多少细节?当你解释你是如何克服人生中最大困难的时候,你对自己的理解有多少?你对自己的了解有多深?当你能够更加深刻地理解活着的过程与复杂性,并且能够更加清晰细致地描述它们,你的人生会变得更充实,更丰盈。请留意,仔细看,认真听。当下蕴含的东西,比你意识到的多很多。

第 227 日

留意内心的召唤。那些小小的怂恿和低低的声音，把你的视线引向你注定要去的下一个地方。这种形式的指引往往没那么清晰。它们很微妙，因为它们依然还是种子。它们依然是没有目标的、未曾显化出来的潜质。倾听它们，问问它们，让它们把想去的方向指给你看。

第 228 日

该怎么分辨出自己真心想要什么?想象一个"美好得不真实"的人生,然后记下其中的元素和主题。在那个图景里,你身边有别人吗?你安静吗?你是心怀希望,还是正在疗愈之中,或是处于休息期?你在冒险吗?是最自由奔放的自己吗?你在创造什么吗?你变得更加独特吗?就算这幅图景不一定能全部成真,你也肯定能明白,它的某些片段在指引你,帮你看见最真实的自己。描绘出那个人生的样子,现在就把它活出来,就在此时、此地。

第 229 日

一件事没有在你预期的时间发生,并不意味着它不会发生。

第 230 日

当你感到挫败、落后,当你觉得没有一件事顺顺当当,当你已经别无他法,不得不将休息放在首位、开始内省、并且开始改变的时候,你要明白,这些都不是挫折,它们是披着伪装的突破机会。上天不断地问你是不是准备好了——从此不再固守旧习惯,而是进入平行人生,也就是你在"发生了什么"和"我如何回应"之间的沟壑间修建起来的人生。下一次,当你面临同样的挑战时,你需要提出这个问题:这次我可以做出哪些不一样的反应?

第 231 日

有时候,最艰难的人生转折点其实是在重置道路的走向,将你引向最精彩的命运。有时候,你需要借由最不可思议的情境、最令人困惑的经历获得成长。有时候,你看似落后于外部世界,但实际上是在与内在的自我取得一致:你终于听见了那个深层次的内在智慧,它在对你说,你注定要超越你所知的一切,进入一个新天地。这个新天地,比你曾让自己相信的那一个广阔得多。

第 232 日

即便你感到自己只是静静地待着,什么也没做,但实际上你在成长。即便你感到自己在后退,而非前进,即便你感到自己想的全都是遗憾和后悔,你希望自己能采取不同的做法,希望自己从没走过某一条路,但实际上你在成长。你的小我认定自己是匮乏的,它打定了主意,要搜寻一切证据来证明这一点。但是,如果你有勇气以超越小我的视角来看待自己的人生,你就会发现,丰富的知识蕴藏在失望之中。

第 233 日

有一天，生活会让你看到，在暴风雨的另一面，是什么在等待着你。有一天，生活会让你看到，关于你，它始终都有安排，即便在你疑虑至深、不知道混乱中是否能诞生出任何美好的时候。有一天，生活会让你看到，哪些你隐藏得最深的、暗地里的希望，正是你最深层命运的提纲。有一天，生活会让你看到破碎背后的意图，它也会让你看到，是什么在原地渐渐汇聚成型。有一天，生活会让你看到，你可以信赖成长，信赖进化。有一天，生活会让你看到，它始终与你站在一边。

第 234 日

或许,你不停地想要更多,并不说明你的物质欲望贪得无厌,而是因为你的真正需求并没有得到满足。因为你的人生并不是你想要和需要的样子,因为你失去了联结。织就生活图景的丝线被磨损了,而你不知道如何才能把它补缀好。或许,你不停地想要更多,其实昭示着内在有些东西没有被充分看见。事实真相是,如果某样东西并不是你真正需要的,那么无论你得到多少,也永远不够。如果某样东西无法填补你内在的空洞,那么无论你得到多少,也永远不够。

第 235 日

你的人生始于这一天:你愿意把那张陈旧的蓝图,也就是你认为事情"该有的样子"丢到一边,开始看见自己面前的东西,然后利用它。抓住它,最大程度地运用它。这是因为,年轻时的那个你,满脑子都是纯真梦幻的奇想,没有能力去想象一个成年人的生活,因为你还不知道如何拥有那种生活。不,这不是放弃,而是臣服。臣服于生命的自然流动,臣服于你的潜力,臣服于现时、当下。

第 236 日

你的存在只需要让你自己感到有意义就行。它的美好蕴藏在至为细微之处。有时候,沉重的、"不满意"的感受来自旧观念的崩塌,或是来自你竭力想要比较和衡量的东西,就好像今天的夕阳可以与明天的相比,一朵花可以开得比另一朵更完美,一片草场可以在微风中起伏出更完美的模样。如果你能尽力在今天制造出一个完美的时刻,哪怕只是稍纵即逝的一秒,那你已经取得了比所能想象的更丰盛的成果。你已经唤醒了你的灵魂。

第 237 日

就让裂缝裂开,以你真心希望的方式重塑你的整个人生。当你被迫放手的时候,也是你长舒一口气的时候。留不住的东西不是你的。如果你心里不确定,那就等一等。时间会揭示一切真相,一切知识,一切即将成真的现实。一切都会渐渐明朗起来。

第 238 日

你的生命是通力合作的结果：与神祇，与构成你的离子，与蜿蜒曲折的历史，这历史将你带到这精准至毫秒的当下时刻，而你还认为你来到世间毫无缘由？经过无数的因缘聚合，你才能成为今时今日的模样，在这个独特的空间中，你所有的兴趣和天赋交织在一起，你能够用某些只属于你的精微方式来滋养人类灵魂的花园，而你还认为你来到世间毫无缘由？走到屋外，仰头看看头顶上的银河。这是无可替代的一刻。

第 239 日

你来到这里,是为了了解那些唯有以人的躯体才能了解的事,唯有用双手才能触到的东西,用双眼才能看到的景象,用身体才能感知的感受。你的灵魂想要一个身体,这样它才能去做那些唯有借助身体才能做的事,才能将梦想变成碳、氮、氧构成的实体,才能以纯粹人类的方式去爱。这样它才能与物质玩耍,好似它们是有延展性的、未成形的,正等待你把它们塑造成型。这样它才能见证那些共存的创造者,以及他们成就的一切。这样它才能去发现,去学习,不仅仅是关于你自己,还有那根细若游丝的、将你与每一个人、与万事万物联结起来的金线。这种不完美的设置自有它的用意。你来到此时此地,是有缘由的。

第 240 日

你知道吗,你一点都不孤独。你知道吗,有多少人带着相似的想法和恐惧在世间穿行;有多少人曾感受到心碎时那陡然坠落的沉重;有多少人一边心怀对未来的希望,一边担心自己是不是全做错了。眼睛所见,未必为真。人很容易感到孤独。你并不孤独。你不知道的是,你一点都不孤独。

第 241 日

你的内在罗盘中蕴含着强大的智慧。它始终在指引你,时很温柔,有时很莽撞,有时候你甚至完全感觉不到。你内心中这个无声的、直觉式的感知正在指引你走向某些既蕴含在生活中、又超越生活的东西,走向你从不知晓的喜悦,走向你无法想象的幸福。你能想象吗,如果你带着这个觉知生活,那会是什么样子?如果你内在所有的不适感都只是想让你去往另一个方向呢?如果你渴望的那样东西恰恰隐藏在你害怕的东西背后呢?如果上天为你准备了一个计划,而且比你所能理解的程度宏伟得多,那会是什么样子?你能学着信任自己吗?有些事情,是你的心知道、但眼睛却还没看见的,你敢相信它们吗?

第 242 日

我希望你能渐渐意识到心智的机能有多么强大:意识之流令你得以瞥见"可能性"的疆土,而且,你选择的、你重拾起来的、你开始相信的,终将以最令人惊讶也最美好的方式发生。当想法遇见了意图,意图遇见了感受,感受遇见了选择,选择遇见了行动,行动遇见了持续性,持续性遇见了时间,你就可以修建起一条道路,一路通往全新的体验。此前,你甚至完全不知道还会有这种体验存在。

第 243 日

你真的可以改变。你可以改变,是因为你天生就具备这个能力。但是,如果你继续花时间去撞同一堵墙,也就是竭力想要战胜内在的抗拒,而不是问问自己,你之所以如此抗拒,究竟是想保护哪个脆弱的部分,那你永远也改变不了。如果你不肯倾听自己的声音,这无异于与自我开战——你一边逼迫自己前进,一边放弃,你认定自己想到的第一个做法就是唯一可行的一个。请从你的抗拒和痛苦中学习。经验教训正是通过实实在在的生活体验习得的。

第 244 日

你将被引领到你恰好需要的东西面前,而且一分钟都不会早;你将被引领到你注定要爱的人面前,一分钟都不会早;你将被引领到你刚好需要去的地方,一分钟都不会早。相信你的旅程。表面看来,它的时间好像安排得乱七八糟,但实际上,当你准备好进入一段体验时,就会觉察到它的迹象。有时候,你需要等待的不是世界,而是你自己。

第 245 日

你必须要决定自己宁愿放弃什么。你想当个艺术家是吗,那你愿意放弃睡眠,在下班后熬夜创作吗?你愿意放弃跟朋友们出去玩的机会吗?你愿意放弃你的潜力吗?放弃世界?放弃那个你叫做"家"的安全空间?事实是,每一个决定都伴随着某种牺牲,有些东西你确实没机会去了解了。就像你必须要决定哪些东西值得尝试一样,你同样也要决定哪些应该放弃。

第 246 日

当你感到好似永远熬不过这个季节、这个时期、这次转变的时候,在这样的日子里,请你回想自己成功翻越的每一座山峰。请你回想每一个这样的夜晚:你坚信自己走不出当前的困境了,但终于有一些小事给你带来一点松弛和安慰,然后又带来一点点。你等待着。你意识到,一切都会没事的,就算感觉上并不是次次都没事。你任由所有这些强烈情绪的浪头向自己席卷过来,然后任由它们退去。你找到了勇气。你做了一些不相信自己能做到的事,找到了醒来并面对第二天的意志力。你找到了柔软。你找到了自己。你找到了从不曾期望过的、新形式的爱;你开始欣赏之前没能看见的东西。你开始感到,你得到的东西足够了,因为你想明白了对你来说什么叫做足够。你培养出了韧性。你探索自己心灵的疆域和容量。你发现自身的力量是无穷的,但此前你并不知道这个事实。直到你遭到试炼,直到你被要求把它从怀疑、恐惧和错误的信念底下挖掘出来。随着时间渐渐过去,曾经看起来不可能的事情变成了平常事。你今日拥有的生活是昨日的梦想。你现在所做的事情是你曾经祈祷的。当你极其害怕未来的时候,请你千万不要忘记这些。每次当你迈步向前的时候,道路都会升起来迎接你,下次它也会的。

第 247 日

当你的态度从"强求结果"转变为"吸引那个注定属于你的特定事物"的时候,一切都会改变。这是一种臣服,就好像你允许一只蝴蝶轻轻落在肩上,与你建立联结,成为你的蝴蝶。这不是因为你需要它这样做,而是因为某种高于你的力量以某种方式将你们联结在一起,而这种方式是你无法用逻辑来解释或描述的。这就是你在寻求的奇迹。你的专注让"吸引力"成为你最重要的事,磨炼你的独特能力,助你成为最有力量、最清晰、最善良的那个你。你的首要事项变成了"用最真挚的方式来深深关爱自己"。你没有意识到的是,当你得到滋养的时候,你与周围世界的互动方式改变了。你能吸引到的事物改变了。当你的"灯光"亮起的时候,注定属于你的事物会被你吸引而来,所以,保持专注,让你的灯一直亮着。当你以这种状态生活的时候,你会找到你在寻找的东西,此前你甚至并不知道自己在寻找它。

第 248 日

是时候夺回你的人生了。那个输给恐惧的人生，输给道理的人生，因为你认为那些道理比自己的幸福更重要。你输掉了人生，因为它不符合世界灌输给你的理想图景。你输掉了人生，因为你渐渐相信，你不配拥有自己的喜悦、自己的道路、自己的事实真相。你输掉了人生，因为你把它搁置起来，把它隐藏在"以后、或许、应该会、可能会"之后。要是你能找到勇气，朝着明知属于自己的道路迈出一步，哪怕是最小的一步，该有多好。

第 249 日

内在的抗拒聪明得很,它知道你有史以来的每一个恐惧,知道你害怕的每一个想法。它知道你会作何反应,知道什么东西能诱惑你,什么能把你吓到不敢动弹。你一定要学会,不让恐惧把人生从你手里抢走。你一定要学会,别把自己心中的限制投射到一个没有限制的世界。你一定要明白,你远远胜过你对自己的认知,或许,我只说或许,如果你不再向四周看,你会意识到,比起你的小我让你相信的模样,真正的你远远勇敢得多,有力量得多,美好得多,得到的爱也多得多。

第 250 日

如果伤痛仍不止息,该如何获得疗愈?让自己休息,尽情休息,时间长过你认为的合理限度也没关系,而且一秒钟也不要为此感到内疚。温柔地对待自己,能多温柔就多温柔。用最简单、最诚实的方式滋养你自己。在这种时期,只做最低限度的事,并且接纳这一点。这已经足够了。别再给自己规定时间期限。当前的状态不代表永远,不要允许它接管你的自我概念。你以前微笑过,以后你肯定会再次微笑起来的。以前的日子很好,以后也会再次好起来。在最低落的时刻你或许会忘记这些,但真正重要的是,接纳和认可你当下所处的位置,真正重要的是,确保你看见全部的自己,而不只是那些可被接受的部分。

第 251 日

有些情绪希望你战胜最基本的直觉,选择更高阶的道路。有些情绪希望你在他人身上看到一些东西,一些被你默默压制到自己内心深处的东西。有些情绪希望你不用做别的,只要陪伴它们就好。有些情绪希望你行动起来,去改变,去成为你想成为的人。有些情绪希望你记得,痛苦和折磨是那么容易降临,但有些情绪提醒你,安宁始终是有可能得到的——如果你能够训练自己的头脑安静下来,去接收那种平和的感受。让人之所以为人的,正是我们做决定的能力。当你对每一种情绪都做出下意识的反应,不去想想它到底是源自恐惧还是源自真相,你就被外部世界控制住了,而你误以为那是你的内心世界。当你运用思考力和分辨力的时候,你就能渐渐地将它们合二为一了。

第 252 日

当下,当下,当下。一切皆发生于当下。万事万物。一切的一切。所有欢悦,所有悲伤。每一粒种子播下,每一朵花儿绽放。世界一端的日出,另一端的夕阳。每一段记忆,每一次投射,每一个希望,每一种悲伤……一切都源自永恒当下。如果说,并不是你不能理解过去或无法想象未来,而是你还没有学会如何安住于此刻、当下,这个供一切时间铺展开来的唯一舞台,那会怎样?如果说,人生旅程的真意其实是,始终都是,让我们学着生活在此刻、当下,那会怎样?当下,当下,当下。要么当下,要么永不;要么当下,要么根本不存在任何时间。唯有永恒的当下。你将如何对待你的当下?

第 253 日

其实你不曾意识到，你已经蜕掉了多少个旧版本的自己。有多少曾经被你牢牢抓住的旧信念，已被崭新的证据、流逝的时间、以及你主动改变的意愿解开了啊。你愿意敞开心扉，改换想法，愿意迭代成比之前更好的人。有朝一日，你也会蜕掉如今这个版本的自己，但在这一路的蜕变过程中，始终存在一些不变的线索，请你仔细寻找它们。寻找那些始终如一的东西。那就是真正的你。

第 254 日

你用不着今天就把后半辈子全想清楚。
朝着你想成为的那个人走近一点点。
明天,再走近一点点。

第 255 日

不要放弃你的白日梦。如今存于世间的每一样事物,都源自某一个人的头脑,那个头脑首先要足够相信自己的想法,才能把它变为现实。现在你或许还看不见它,但是,如果你在内在中感觉到了它,你就有能力把它显化成真。在"想象"与"真实体验"中架起桥梁,这就是人生旅程的真意。

第 256 日

　　如果它注定属于你，它会回来找你。如果它注定属于你，它离开也只是为了让你学到该学的功课，那些必须通过亲身经历才能学到的东西。如果它注定属于你，就算你把它推开，就算你不肯要它，就算你认定如此美好的东西永远也不可能真正属于你，它还是会返回到你的身边，这是因为，如果它注定属于你，它不可能不是你的一部分。它不可能不与你的灵魂深深交织。如果它注定属于你，你当初转身离开它的那条路，也将引领你返回。如果它注定属于你，它已经在等待你抵达了。

第 257 日

当现实否定了你,该如何相信自己的潜力?你会渐渐明白,"信心"不是找来的,而是建立起来的。它的基石是欲望,是希望,还有转化成实体事物的激情。你会渐渐明白,对自己的确信不是转瞬即逝的情绪,轻飘飘地,也无甚意义;它是一种有方向的冲劲,而且这股冲劲持续不断地指着同一个方向。你会渐渐明白,潜力的本质即是"尚未发挥出来的能力"。渐渐地,对于它为何还没有"神奇地"展现出来,你不太关心了,你更想知道的是,该如何基于对自我的真正了解,去重新想象自我。

第 258 日

信念之跃,即是舍弃已有的"挺好",去追寻可能的"非凡"。

第259日

当你对着一样东西观察得太久,就会不可避免地发现一大堆琐细的缺点;当你一直盯着这些细微的不完美,就会形成一种印象:这样东西从根上就有缺陷。内省跟这个很像。向内看是很好的,但前提条件是你要把同样多的时间用来往外走,去看、去感受、去体验新事物。如果你把时间都花在挑剔自己上,你肯定能找到一大堆不满意的地方。让眼睛和头脑歇歇吧,让心来接手。当你再次反思自身的时候,就会带有更多的善意,更多的慈悲。你会意识到,对自己的灵魂吹毛求疵并不是成长,而是抗拒;这是在否认美好的事实真相,否认你一路走来取得的成长。

第 260 日

我希望你不把任何事情视作理所当然,比如每一项功课,每一个人,每一个地方。我希望你将生命中的每个际遇都视作老师,即便是最不像的那些,其实也是对你的指引。我希望你坚定地相信,注定属于你的事物必然会找到你、留下来,即便走开,它们最终也会返回到你身边。这只是时间问题而已。我希望你渐渐明白,当你想要拥有更丰富、更广阔的人生体验时,你会首先得到一些需要修习的功课,它们的使命就是帮助你成长为能够拥有你所期待的人生的那种人。我希望你能从看似无意义的事情中看出它背后的意图。我希望你永不会失去这个信念:你的幸福大结局依然在那儿,依然在等待你。

第 261 日

当你对自己太过苛责的时候,你阻碍了自己的脚步。在自我惩罚的空间里,没有留给"学习"的余地。当你认定自己孤身一人的时候,你阻碍了自己的脚步。在内心深处,你与他人并无太多不同——尽管当今世界需要你相信自己是孤立的。当你不相信自己的时候,当你试了一两次就放弃的时候,当你不相信可能性的时候,你阻碍了自己的脚步。当你不把成长的机会给予自己的时候,你阻碍了自己的脚步。

第 262 日

行动起来,因为"原本可以过上的生活"是个沉重的负担,生活在这种重压之下对你没有任何好处。行动起来,因为如果一个梦想年复一年地盘桓在你心中,那么它不是逃避,而是召唤。行动起来,因为如果你兜兜转转,最后发现自己最喜欢的地方就是最初的起点,那就回去吧,因为通往我们注定要去的地方的那扇门永不会关闭。如果它真的属于你,就会一直等待着你,那感觉就像是回家一样自然。行动起来,因为有一天你会发现自己的时间所剩无多。行动起来,因为不去行动的理由永远都有。行动起来,因为你或许可以估算出"可能失去多少",但你现在还看不到有可能得到多少。行动起来,因为现在围绕在你身边的一切美好又安全的事物,都是你创造能力的明证,而不是转瞬即逝、日后再不复来的好运。行动起来,因为但凡吸引你的,都值得追寻。行动起来,因为人生最大的风险,莫过于在故事结尾之时满心遗憾。

第 263 日

当一件事"对了",它给予你的能量会跟你付出的一样多。它会常常鼓励你、激发你的灵感、给你动力,就像它会挑战你、推动你、令你心生畏惧一样。当一件事对了,你努力去追求的,同时也在奔向你。当一件事对了,无需你强迫,它也会开花。当一件事对了,它会帮助你成为你想成为的人,而不是分散你的心神,干扰你的成长。当一件事对了,它会自动流动起来,带着你经历一连串的机缘巧合,它们太有意义了,不可能真的是所谓巧合。当一件事对了,你会在回首时发现,之前走的每一步,其实都是为了把你送到这里,而且征兆自始至终一直都在。

第 264 日

你会抗拒自己的成长。你会抗拒自己的成长，因为有人教会了你，最熟悉的就是最值得的。你会抗拒自己的成长，因为你渐渐相信，放手等于损失，但它其实是个开始。你会抗拒自己的成长，因为你还不明白这一点：没有任何事物会敦促我们放手，除非有个新事物正迫不及待地想要到来。你会抗拒自己的成长，就像种子必须要先钻出外壳才能扎根，就像黎明前的黑暗最深最浓。你会抗拒自己的成长，直到你明白了成长就是一切，而当你试图阻止自身的进化，你就挡住了你想要经历的一切美好体验。你会抗拒自己的成长，因为成长是一件吓人的事，但慢慢地你会意识到，不成长才更吓人。

第 265 日

如果说，当你不再等待自己有朝一日变得毫无瑕疵，而是开始关爱现在的自己，真正的成长、真正的旅程、真正的焕发光彩才会开始，那会怎样？如果说，问题的关键从来不在于你能否把自认为的"不足之处"推到一边，而在于能否接纳自己的所有面向，允许它们同时存在，那会怎样？如果你不再去打毫无胜算的仗，如果你不再认为自己的每个方面都有待完善、有待修正，你能想象有多少扇门即将为你敞开吗？如果说，命运的一部分就是要学会分辨，也就是能够区分开自己身上需要提高的部分，与需要被看见、被接纳、被了解的部分，那会怎样？

第 266 日

有时候,你最简单的愿景即是你最诚实的心愿,最真挚的真相。不是那种最为震撼的故事,不是那种人定胜天的丰功伟绩,不是那种如此极致、如此独一无二、以至于要耗尽一生去追逐的梦想。相反,那个梦想让你感到,你可以活得松弛和舒展。那个梦想标志着一个充满仁爱的人生。那个梦想让你感到,你终于回到了家。你该怎么做?去寻找它们,朝它们飞奔而去,它们就是你内心中埋藏得最深的真相。

第 267 日

或许疗愈的真意并不在于改变，而在于想起。想起你是谁，想起你真心想成为什么模样。学着运用你现有的资源，用最人性化的方式关爱自己的生活。或许它的真意在于，学着像回家一样，回到自己身边；学着在自己的胸臆之间创造温暖；学着让爱从自己心中倾泻而出，滋养身边的每样事物。或许它的真意从来都不是等待另一个人的出现，为你解决一切问题，而是意识到，一直以来，你自己心中就蕴含着这种力量。

第 268 日

朝着正确方向前进的每一步,本身就是胜利。

朝着正确方向前进的每一步,都令你更加自由一点点。

第 269 日

如果它没能让你的生活更加平静,那么它没有与你同频。如果它没能让你更加深入内在,那么它没有与你同频。如果它需要你牺牲价值观,让你心里产生了不安的感觉,那么它没有与你同频。如果它需要你不诚实地面对别人,甚至是你自己,而且时间拖得很长,把情况变得很复杂,那么它没有与你同频。如果它没能给你成长和改变的空间,那么它没有与你同频。如果它没能让你成为一个更好的人,那么它没有与你同频。

第 270 日

如果你要评判自己,那就从这些方面入手吧:看一看你多么勇敢地扛过了情绪的风暴。算一算你爱过多少颗不完美的心,而你在其中只看见了美好。数一数你开怀大笑了多少次之后才哭过一次,你做过多少次最佳朋友,你曾经多少次直面心中的恐惧,就算害怕也照样每天起床投入生活。如果你要评判自己,别去盘点为了熬过困难你还得做多少事,不要以为把自己为了疗愈而做的事加起来就等于自己。你远比你熬过的事丰富得多,美好得多。

第 271 日

如何停止担忧？你意识到，你所需的、绝对能帮你应对任何事的力量就在你体内休眠，直到你需要它的那一刻才会被激活；能引领你向前的那个版本的你，会在你需要它的那个关口诞生。你本来就不需要把自己每一个可能的版本、每一次迭代都预先准备好。你用不着把战士、爱人、疗愈者、制造者这些角色同时体现出来。他们都有各自的出场时间。人类的精神是这个星球上最犀利的武器，一切自然之力都蕴含在你体内。当你召唤时，它就会被唤醒，一秒钟都不会早。

第 272 日

没有人能分毫不差地知道自己在做什么,即便是我们当中条件最齐备的人,比如野心勃勃、强悍有力、受人喜爱、健康,样样都不缺的人也做不到。大家都一样,我们都在这个幻境中四处游荡,努力寻找意义,试图开辟道路。如果你不再把那些令你痛苦的事物看得那么独特,不再认为它们全都是你自己的错误导致的,而是人类状况中的常见因素,那么你就能用友善得多、慈悲得多的态度来对待自己了。如果你知道,你就是应该出现在现时当下的这个境况里,而不是另外任何地方,而且你也会在恰好的时间里抵达下一处,那么人生这条路走起来就会容易得多。

第 273 日

此时,你在学习如何生活。你在学习哪些事感觉是对的,哪些不对,你喜欢什么,不喜欢什么,你想成为谁。你在学习如何成为自己,如何在不损耗精神能量的前提下过日子。此时,你在学习如何存在。如何存在于安静中,存在于问题中,存在于对一切事物的信念中,尽管它们尚未到来,但有朝一日必定会来。此时,你在学习如何爱。爱今日的自己,往日的自己,以及有朝一日你会成为的那个人。

第 274 日

昂首挺胸地生活吧，就好像好事随时会找上门来，因为它能这样做，也必定会这样做。因为没人能完美预测出事情发生的时机，但是，当你怀抱着"好事即将发生"的期待生活，它们往往会以这样或那样的方式到来。无论你身在何处，它们都会找到你。

第 275 日

如果你害怕别人对你的印象不好,并且允许生活被这种恐惧掌控,那么下面这个方法会对你有帮助:问问自己,这些"别人"究竟是谁,把他们一一对号入座。你会发现,在抽象的恐惧之下,掩藏着具体的原因:你害怕被人拒绝。时至今日,这块阴云依然悬停在你头顶上。当我们的自我概念中交织着自我拒绝的时候,不太欣赏我们的人的爱就显得最为诱人。那种感觉是熟悉的,和我们习惯的感受是一致的。你必须要学着练习自我肯定,即便心存疑虑,也选择相信自己,同时抱持一个谦卑的态度:你知道自己可能不完美,但你在尽力做。你在尽自己最大的努力。你必须要学着用爱你的人的视角看待自己。这就是疗愈的第一步。然后,你必须学着停止投射,重新建立起自己的视角。也就是说,不再单方面地想象别人怎么看你,然后认定自己就是那个样子,你需要实事求是地看见眼前的事实,至于其他的东西,就让它们烟消云散吧。

第 276 日

就让这些东西改变你吧：人生中的爱。美好的清晨。想要和你相遇的灵魂。从"不可能"中萌发出来的一切机会，即便你特别害怕道路永不会出现，它也会想尽办法铺展开来。算一算你已经成长了多少，疗愈了多少，已经走了多远。让自己被身边发生的这一切好事打动吧。你真正拥有的，比你目前能够看到的多得多。

第 277 日

单凭思考是没办法摆脱恐惧的,因为恐惧是一种非理性的力量。你只能带着一颗砰砰狂跳的心,一次又一次地勇敢迈步,直到在最深层欲望的地盘上,划出一个全新的舒适区。你只能学着与恐惧共处,这个看不见的东西想要保护你,不让你受到任何未知事物的伤害。你必须学着与它对话,安抚它,但最重要的是,去违抗它。一次又一次,直到你在内心中建造起一个新家。

第 278 日

当你想要转身弃自己而去的时候，想要分散并彻底麻痹心神的时候，正是你最需要向内看的时候。此时，你最需要滋养自己，倾听自己的声音。在处理痛苦时，最为疗愈的体验之一就是有个人能看见你，认可你。而在这件事上，没人能比得过你自己。相信你的故事，为你一路走来取得的成绩点赞，这是无价的，足以改变人生。你不再寻求外部的力量，不必再让它们告诉你那些你已经知道的东西，你开始营造内在的融洽与和谐。你开始重新养育那个想要被听见、被看见、被同理的自己。你开始理解自己真正的需求，因为有史以来第一次，有人在真心实意地倾听你。实际上，你是在倾听内在的自我，了解它想要成为什么。

第 279 日

生命中蕴含着看不见的丰盈,它是一种存在的方式,它将你置于舞台之上,不再当一个置身事外的看客。这种丰盈不是向外取得的,而是需要在内心中开启的;在你不得不触及自己的内核时,它会被唤醒。当生活令你心碎,你以为这削弱了你的能力,但事实上,这往往让你的能力变得更强。曾经迷失过的心才懂得爱。这正是生而为人最糟糕,同时也最绚丽美好的事实真相。你遭遇挑战,被外力改变,但与此同时你也获得了成长,因而变得更加完整。生命将它的对立面展现给你,它自身也因此而变得更加丰富和立体。你不会真正珍惜你从未缺失过的东西,以及你从未奋力争取的东西。对于那些你从未问出的问题,你永远不会得到答案。

第 280 日

你所能拥有的最强大的磁力,就是成为真正自我的力量。事情变得合拍,顺畅,做起来也比之前更加轻松。你的进展是跃迁式的,因为头脑中那个告诉你"这不行"的小声音再也不能拖累你了。你释放了内在的全部潜能,因为某些深藏在内心中的东西知道,你的能量就应该花在这些事情上。这就是你此生注定该做的事。这些启示一般不会立即发生,或是轻而易举地发生,但它们往往都早有预兆,多年前就已经埋下了伏笔。你总是可以顺着零星碎片的踪迹,一路追溯到原点。在那个一切肇始的时刻,从这些最微小的碎片中,你窥见了未来的模样。当你碰触到这股力量之流的时候,向它敞开心扉。它会颠覆你的整个世界。

第 281 日

一切事物都始于想法。想出点子的人记挂着它,一次又一次地琢磨它,直到细节渐渐成型。在最起初,没有什么是可能的,一切全是推测,全是漫无边际的白日梦。随后,一旦设想得足够久了,构思的过程会显得像是一段尚未忘却的记忆——一段平行人生,一段尚不为人知的现实。你的任务不是让大脑把一切"不可能"过滤掉,而是进入它,方法就是动手去做,把那个设想从"不可能"中拉拽出来。你把深思熟虑了足够久的想法变成实物,赋予它生命。

第 282 日

童年的你在长个子的时候,骨头会有生长痛。渐渐地,你长成了大人的模样,但你的个子不会一直长下去,那个艰难的时期不会永远持续。灵魂的成长也是一样。最终,你长成了该有的样子,随后的任务就是好好地活着,好好地存在。最终,你找到了自己。最终,你做出了决定。你的存在不是为了忍受不间断的试错,不是为了不间断地寻找真理。新信息、各种各样的输入和人生体验汇成一条不间断的洪流,但成长未必一定要从这儿获得,你也可以借由以下方式实现成长:关注当下时刻的简单特质、研究目前的自己,而不仅仅是日后你或许会成为的那个人。

第 283 日

你能想象这样的日子吗:如果你真的把后半辈子全都用来弥补自己的短处,尽力去做那些你从来都不擅长的事?不如磨砺你的长处吧。找到你擅长的事,然后努力把它做得更好。这不是因为你在朝着某种想象出来的终点线冲刺,而是因为命运就是一场实践,一个承诺,承诺去发现内在的鲜活潜质,爱上它,用它创造出作品,然后发布出来。把你的作品传播得又远又广,提供给每一个想要它的人。天赋不是上天赐予我们的东西,而是我们注定要给出去的东西。

第 284 日

最终，有一个根植在你心里的梦想，大得好似超出了你的能力范围，你好像承载不住它，也没能力将它实现。此时，就是你的人生旅程开启的时候。这是一段通向信任与臣服，通向你需要成为的那个人的旅程。最后你会意识到，重点其实并不在于你是否走到了终点，而是在这个过程中你成为了怎样的人。那个人的使命不仅仅是为你鼓劲加油，支持你一路走到要去的地方。那个人是你的真我，终于露出了真容。那个梦想就是你现在能看到的、他的一部分。

第 285 日

说到底,我们全都在寻找的不过是勇气:去爱那些我们真正热爱的东西,去选择那些让我们真正幸福的东西。它们不是生存的必需品,不是够了就行的东西,不是别人眼中的理想生活。说到底,我们全都在寻找的不过是自己的心:用我们自己的方式,创造属于我们自己的人生。

第 286 日

每位画家的起点都是空白的画布,每位音乐家用的都是同样一组音符,每位作家都能拿到同样的词典。精通一件事,重点不在于素材,而在于你用素材做什么,你用它创造出了什么。你如何拼合、缝纫、编织,创作出自己的作品。对于现实世界中的你,这个作品是全新的,但它体现出的却是你的灵魂家园。毕竟这就是你渴求的东西啊。它们让你想起真正的自己是谁。

第 287 日

书写在星辰上的东西,也播种在你心里。但是,唯有被你以意识之光浇灌的,才会在现实中生长出来。说到底,无论你的潜力有多大,你最关注什么,就会成为什么。

第 288 日

一点一滴地,你即将为自己创造出一种生活。这不是因为你终于抵达了一个事事都完美的地方,而是因为你开始允许花朵在哀痛的水泥地之间生长;因为你决定,心怀希望的时间应该比沉浸在恐惧中的时间长,哪怕只多一秒也好;因为你学会了,不再用自己制定的"不可能标准"限制自己,而是要练习追随自己的心,每一天,每一个小时,让它引领你看见那宏伟的启示,细微的欢悦,去体验疗愈时刻那静静的滋养。你即将为自己创造出一种生活,即便你担心自己没有这么做。其实,你一直都在这么做。

第 289 日

留出时间来安顿心神,用最平实的方式保持心智的神圣。可不要小看这些举动的力量。有时,用一段短短的静谧时光来开启新的一天,而不是立即去拿手机,这就足以强化我们的认知:更加审慎地分配注意力是多么重要的事。有时,改变我们看到的、闻到的、听到的东西,就能够唤醒你心中冬眠的某个部分,它蛰伏得太久,以至于你都忘了它的存在。就从这里开始吧,就从明显得难以置信的东西开始。让它们引领你去接收启示,那些启示终将化作颠覆的力量。

第 290 日

你心中有个部分,悄悄地想要去触碰某个刚好在你视线之外的东西。倾听它的声音,跟随它进入未知,信赖你最坚定有力的内在指引系统。如果那里没有坚实的地面在等着接住你,如果那里没有更美好的爱在等着迎接你,如果那里没有更大胆的体验在寻找你,它不会不停地敦促你放胆一跃。你渴望飞跃,这本身就预示着另一边有东西在等待你。

第 *291* 日

在你生命中最沉重的篇章里，是什么启迪了你？是什么让你再一次相信爱？当你的心沉入身体深处，是什么抚慰了你？是什么帮助它愈合？是什么让你更了解自己，哪些问题引出了令你震惊的回答？有哪些东西是你之前不知道该去思考的，如今却成了你定期琢磨的议题？哪些事情让你清清楚楚地感受到生命的活力？哪些事情能压垮你？是什么让你愿意再次相信？当泪水哽在喉咙，你害怕永远不能将它释放的时候，是什么帮助你哭了出来？有哪些事情你还不知道？哪些事情你确凿无疑？是什么让你成为即将成为的那个人？

第 292 日

命运没有"过期"这一说。你可能会在下半生陷入疯狂的爱情。在你没有意识到的情况下,过去这五年可能帮你创作出了迄今为止最棒的艺术作品。每一次失败或许都是经验,转化成为你构建梦想生活所必需的技能。你注定要做的事,没有"过期"这一说。

第 293 日

当你选择了内心平静,在最初的时候,你的感受不一定总是温柔的。有时,你需要嘶吼出胸臆间的一切痛苦,你已经把它们深深埋藏了那么久,就好像能永远隐藏起来似的。有时,你终于划定了边界。有时,你需要说不。有时,你需要抛弃所知的一切,去往一个能让灵魂终获自由的地方重新开始。不,在最初的时候,选择平静并不总是那么和顺的。有时它就像一场飓风,终于把你灵魂最深处的花园彻底浇透。

第 294 日

有的人被挑战击败,有的人却因挑战而转变。二者之间的区别往往在于是朝着"不舒适"而去呢,还是赶紧逃离。这就好比是,有勇气深入内在的人获得的回报往往远超过他们最狂野的梦想。

第 295 日

在一些并未向你表示出善意或慈悲的人身上，你尚且看出了那么多神性，然而你却没有给自己一个机会去爱上自己。你还不曾认识到这个可能性：你在另一个凡人身上看到的美德，或许反映出的是你的特质，而不是他们的。你还不曾真正思考过这个观点：你的爱可以让另一个人更加容光焕发，看到更多的可能。你还不曾真正考虑过，如果让你自己成为你爱的对象，如果你把心中的爱献给你自己，这会给你的人生造成怎样的影响。

第 296 日

到最后,我们想跟年轻的自己说的话都相差无几。花开堪折直须折,莫待无花空折枝。不必太担心那些你无法掌控的事,尽情投入那些你能掌控的。去冒那个你心心念念想冒的险,而且早点去,不用等到准备好的那一天,因为世上就没有"准备好"这回事,只需动手去做,"准备好"的感觉会在做的过程中自然产生的。去爱,就算它会证实你对人心残忍程度最糟的猜疑。好事发生的时候,别破坏它。趁你爱的人还在身边的时候,好好爱他们。活得年轻,活得真实。

第 297 日

有朝一日,你会回顾这段日子,然后领悟到这些安排背后的意义:时机、延迟,还有你不得不做出的选择。有朝一日,你会回顾这段日子,并且意识到,你离重大突破的距离其实比想象中近得多。有朝一日,你会回顾这段日子,然后发现,道路真的是升起来迎接你的,就像它一贯做的那样,而且以后它仍会如此。有朝一日,你会回顾这段日子,然后发现,你总是刚好处在该在的位置。

第 298 日

到最后,要衡量你的人生,看的不是这些:你是多么浮泛地浅尝辄止、你尝试的次数有多么屈指可数、你的态度是多么尖酸讽刺、你敞开心扉的次数是多么罕见。要衡量你的人生,看的也不是你失败了多少次,而是那一次胜利:那逐渐积累起来的完胜。每一个年轻版本的你和你即将成为的那个人都不太相像,我知道你很难想象这一点,但说到底,那些版本的你是不会被记住的。他们不会是你最终的模样,而是你前进路上的踏脚石。你将给世界留下什么?这才是你应该关注的问题。重点不在于你如何巧妙地避过了最深层的生命体验,而在于你有多么勇敢地一跃而入,一次又一次,直到终于抵达对岸。

第 299 日

感觉上,你的疗愈好像已经进行了一辈子,但事实真相是,你越是能够简简单单地静坐、见证、允许情绪自由流动,而不是试图去改变它们,你就越是能够活在当下。在日常生活中,你将能够觉察到细微的身体感受;你不会因为遇见挫折或失望而受到打击、黯然离场,相反,你会带着更敏锐、更清晰、更包容的态度去体验世界。

第 300 日

夯实你的愿景。

你重复踏过的地方,将会成为你最终着陆的地方。

第 *301* 日

如果你生命中只剩下六十个假日，那会怎样？或者，只剩下五十个夏天？十次早起看日出的机会？十五次在海浪拍岸的声音中入睡？如果你已经读到了最爱的一本书？只能再见到心爱的人三次？只有一次呢？想到你或许并不拥有"永远"，虽然一辈子还有那么长，你的态度转变得会有多快？下次当你遇到这些无比珍贵的时刻、无可替代的日子，你的眼光会有怎样的变化？你会有多用心？你会多看见多少？

第 *302* 日

你无法强迫某些不合适的东西变得合适。在不能深深扎根的地方,在不能让你对自己、对你努力搭建的生活感到心安的地方,你无法绽放。你无法强迫任何事变得"对路",你只能倾听。倾听你自己的反应,倾听你融入的程度。在人生旅程中,环境是最重要的元素之一,把自己种植在一个能够真正舒展枝叶的地方、一个能够真正建立联结的地方、一个能够最容易地成为你想成为的人的地方,这正是你的责任。

第 303 日

或许你的愤怒并不是因为心灵"擦枪走火",而是因为内心急需一个边界,思维需要一条新的基线。或许你的愤怒并不是反应过度,而是程度刚好,是你对确凿无疑的不公平的合理反应。或许你的愤怒不是要引燃你的生活,而是要引燃你。你曾经太好说话,太能忍让,明知自己是对的也不愿据理力争,它想要让你变得更强大。或许你的愤怒不是因为你缺少勇气,而是你的勇气终于显露了出来,它想要被你看见。

第 304 日

你可以尽量做足准备,但依然会被绝不可能预料到的挑战惊到。你可以一个计划也不做,却发现,一路上发现的东西超出了你最大胆的想象。在路途中你会得到太多东西。想要学会打球,你得走进球场,而不是站在边线旁观。人生也是如此。

第 305 日

将来必会有一天,轻松的感觉比沉重多了一点点。回顾往事、再次咀嚼旧日细节的愿望变得没那么强烈了。将自己牢牢绑在过去的冲动减轻了,你前行的步伐变得轻松了一点。你会渐渐忘记那些令你夜不能寐的痛苦细节。你会与那些注定要远去的人失去联络,终有一天,你会最后一次想起他们,虽然当时你不会知道,那就是最后一次。你的头脑里会装满新想法,新计划,新事物。你会抛开过去,迈步向前。你一定会的。

第 306 日

把生命中曾经激励过你、引发你灵感的事物列出来,拼合出你人生的线索,就算它们看上去彼此并不连贯一致也没关系。这就是你雕琢伟大作品的过程,一段完完全全属于你自己的体验。你不会借用别人建造家园的独特方式来构建自己的人生框架。一点一点地,你构建出自己的人生。

第 307 日

你知道该如何得到想要的一切吗?方法就是仁慈。仁慈地对待自己,仁慈地对待你遇到的每一个人。即便你认为他们不配得到这样的对待,即便你认为你自己不配得到这样的对待。这是因为,最终你会意识到,决定谁值得被爱不是你的职责。发挥你的想象,拿出你的勇气和力量,尽你所能做一个仁慈的人。这就是解锁一切的钥匙。

第 308 日

如果你习惯于否定自己、消极地看待自己,请别再这样做了。和这样的心态交朋友,并不能保护你免受它的伤害。用这种方式让自己对它"脱敏",并不会让你变得更有力量,结果刚好相反。你需要用充满爱的方式来加固自信心,你需要像对待天平一样,去平衡自身相反的两极。你需要诚实地看见自己,但如果你只把焦点放在不好的那一面上,这就不能叫诚实。这样的视角不完整。这不是真实的你。唯有在一种情况下,外界的否定才会动摇我们:我们心里有些东西认同了那个评价。

第 *309* 日

如何才能知道自己真心想要什么？让自己静下来。去长时间地散步，用很多个夜晚独处，关掉手机，侧耳倾听。翻越那道恐惧的高墙，它让你想要抓紧外界的噪声，而这会让你永远听不见自己的声音。经常做这些事，答案会自动浮现出来，你都用不着去潜意识里努力搜寻。在独处中，你得以看见真正的自己，然后，当你把那个自己带回到世界中来，你会变得截然不同，而且比以往任何时候都更有力量。许多人不敢深入内心去寻找的东西，现在你找到了。先找到自己是谁，然后，你想要的东西会在合适的时机显现。

第 310 日

你值得被爱,是因为你愿意去爱。仅此而已。我们往往以为,说到爱,就应该把我们的一切优缺点都盘点清楚,然后再看跟谁比较般配。我们往往以为,如果爱没能持久,肯定是因为我们缺了点什么,所以没能成为别人眼中更清楚、更显眼的选择。可是,爱从来都不是这样运作的。我们跟那些能跟我们建立联结的人建立联结。爱是神秘的;它是一种来自我们的内在、同时又超越我们之外的力量;身处其中之时,我们极少能把它搞明白,直到在回首时,我们才看到全貌。有时候,我们的心和身体会率先明白一些东西,而大脑此时还没来得及给出理由;最难的事情之一,就是我们能不能相信那些东西,愿不愿意去追寻它们。有时候,即便我们苦苦哀求,大门还是紧闭着,这是因为,有些东西是我们目前还看不见的,大门在保护我们免受它们的伤害。有时候我们遇见了一些人,火花迸溅,而我们不明白为什么。有时候,我们只是还没准备好,但这样也没关系。有时候,会有另外一个人或事物在对岸等着我们。有时候,我们还没有成为需要成为的样子,所以还接不住那种程度的联结。爱并不总是线性的。

第311日

一切改变在刚刚发生的时候,都非常缓慢。事实上,慢得就像毫无动静。但这就是它的运作方式。这就是新现实向你而来的方式,它穿过隔在你们之间的重重维度,向你而来。在来的路上,它会测试你的坚定程度,它要你证明你真的想要这个,你愿意争取,即便当你不能确定道路是否会显现的时候,也愿意向前。当你迈开脚步,踏上你想象出来的那条道路的一瞬间,道路全然显现出来。事情就是这样。其余一切都是为迈出第一步所做的准备。

第 312 日

有一些人尚未意识到,他们心中的嫉妒其实是个信号,表明他们渴望在某个领域出类拔萃。这样的人会将你的成长视作威胁。不用管他们,继续成长吧。有一些人尚未接纳自己对深刻改变的强烈渴望。这样的人只会透过恐惧的镜片看待你的改变。不用管他们,继续改变吧。尚未找到自己的声音的人,会认为你的声音太大了。不用管他们,继续发声吧。伤痕尚未痊愈的人会将你的完整视作天真幼稚。不用管他们,继续乐享人生吧。

第 313 日

不管你做什么,不要变得像那些伤害过你的人一样。变得像他们,并不能让你更安全、更酷,或是更自由。这不会让你变得更容易被人接纳,也不会让你变得比以前更好。这不会让你变得更智慧,也不会帮助你向前走,但这确实能抚慰你的伤痛,因为你想不明白,一个人心中怎会存在这么多恶意。所以事情就变成,一部分的你想去理解伤害,一部分的你想保护自己免受伤害。不要变得像他们一样,不管你做什么。这对疗伤没有任何帮助。

第 314 日

你最害怕的事,往往也正是你注定要做的事。关于活着,有许多耐人寻味的小趣事,这正是其中之一。你害怕未知,但人生基本上就是一连串的未知。你害怕改变,害怕成长,可你被设计出来,专门就是为了干这些事的。当你对爱的渴望超过了世间所有一切,你最害怕的就是爱;当你的天赋与杰出的特质拼命想要挤出你的身体,恳求你将它们释放出来的时候,你最害怕的就是自己的杰出。为什么面对你最深重的恐惧往往会引领你获得最大幅度的成长?这就是原因。往往在那堵高墙背后,你找到了一直在寻找的东西。

第 315 日

灵魂不会真的迷失方向。会迷失方向的是思维,未经训练、未被驯服的思维会陷在它自己产生的想法里。你的思维游离到了远远的地方,裹在一大堆层层叠加起来的念头中:外部世界强加给你的想法、让你看到的东西、让你在自己的故事里扮演微不足道的小角色。灵魂不会真的迷失方向。它永远在那儿,等待着思维再一次敞开,清楚地看见它,彻底地感受它,安住于其中,不再重复那个相同的旧日故事。

第 316 日

如果思维接受的刺激太少,不足以兴奋起来,它就会变成一个默不作声但至为危险的东西。你害怕自己没能力得到渴望的事物,你生活在这种恐惧之中,但真正的障碍在于,你需要想清楚你为之奋斗的目标是什么,你想要争取什么;你的内在蕴含着原封未动的能量,而你想用它们来做点什么。如果这一股冲劲没别的地方可去,它就很容易转向内在,驱使你质问自己,怀疑自己,觉得自己在根上就有不可修复的坏毛病。人类的思维需要挑战:它需要回答问题,需要寻找解决方案,需要适应连贯一致的行为。你的任务不是选择一个最容易过或最一目了然的人生,而是要发现哪些事情能最大程度地激发你的积极性。什么事情让你感到跃跃欲试?什么事情让你感到浑身上下充满了活力?

第 317 日

以防你之前没考虑过这个问题,我再说一遍:人们很有可能会把年少时的情结带入成年期。一个人很有可能到了三十岁或六十岁,依然在与早年的不安全感、恐惧和当初的思维方式搏斗。我们以为时间必定能治愈创伤,就好像记忆会消散一样,伤口也能被时间彻底抹平。但未必每次都是这样。有时候,你不得不深入内心,去自行疗愈伤口。有时候,你不得不主动地、有意识地去选择相信那个最成熟的你所相信的东西:最令你的内在小孩失望的,莫过于让他得知,他已经努力熬过了这么多年,可内心的那个小小的声音依然不是他的朋友。

第 318 日

如果你不知道该作何选择,那很可能是因为还不到时候。或许你的生活中还有另一个领域需要你去滋养、去发展、去强化。能帮你作出决定的新因素还没有出现呢。你不知道它们存在,当然就不会意识到自己缺少信息。很有可能的是,你预先想到了一个属于未来的决定,终有一日你需要作出决策,但不是今天。当那一天真的到来时,你会知道怎么做的。你之所以能知道该怎么做,是因为在这个准备期里,你的自我感增强了,你想清楚了自己真正想要什么,以及人生中你真正重视的是什么。如果你不知道该作何选择,那很可能是因为还不到时候。给自己一点空间。

第 319 日

从很多方面来说，真正活着就是践行慢生活。细细品味那些珍贵的小事。从日常时光中创造宁静，并全身心地活在其中。更加有意识地把关注点放在面前的事情上，不让思维游移到其他地方。充分投入到人生给予你的体验中，并最终意识到，这些体验并无彻底的好坏之分，制造出分别的是我们的妄念。当你转移了注意力的方向，你也随之改变；当你将关注的焦点移到了平行现实中，你与真正的生活就拉开了距离。

第 320 日

有时候,你之所以会破坏周围的一切,是因为你不知道如何请求离场;你不知道该怎么说出"我要走了"。你破坏关系,是因为你认为自己没有准备好,即便你很想准备好。你破坏机会,是因为你并不真心想要它,即便你自认为很想要。有时候,潜意识向你传达出的最清楚、最明显的讯息不是通过你选择的东西,而是你没选的东西。它让你看向隐藏在冲动之下的东西,并且问出这个问题:我为什么希望事情是这样?对这个问题的回答,即是你余生的起点。

第 321 日

如果你对自己许下承诺,绝对不让他们阻止你,那么他们就没有任何办法阻拦你。

第 322 日

当你不断对自己说,你必定能过上梦想中的生活,你的大脑就会开始做一些神奇的事情:它开始寻找路径。我们常常向外寻找答案:想知道自己是谁,想知道该如何定义自己。但事实是,一切始于相反的反向。生活会确证你不停思考的东西。它会寻找通往你酝酿时间最长的那个愿景的路。你的任务不是向外四处寻找大门,你只需要信任你于内在找到的东西。

第 323 日

你无法战胜内在的智慧。有一些真理，你无法与之争辩或讨价还价，也无法恳求它通融。有一些真理如支柱一般，矗立在你的灵魂中央，等待着你认出它们，等待着你臣服。这些真理犹如避雷针，静待着将你的生活震醒，余下的一切都是你为之所做的准备。让它们将你裹得紧紧的伤口撕裂，就像超新星爆发一样，将气态的内核猛然释放，形成新的生命，新的现实，新的存在。你最终需要寻找的就是这个，一个如此稳固、如此确凿无疑的真理，它一把火烧掉你对自己讲述的故事、你为自己选中的安全道路。这里没有逻辑，只有令人狂喜的真理……只有它就足够了。围绕它，你已经足够可以建立全新的生活。这就是我们每一个人最终要寻找的东西。你是如此热爱它，以至于没有任何逻辑能够撼动它。

第 324 日

成长是很难预测的。有时候,你在浓重的暗影中挪动,几乎连前方的寸许之地都看不见,但此时你已经无比接近最重要的突破点。有时候,最重磅的功课来得如此之快,是因为有些东西已经等在街角,虽然你还没有察觉。有时候,你精疲力尽,这是因为你的关注力被导向了消耗你的东西,它们从你身上拿走的多过返还的。你或许认为,你知道自己走到了旅程的哪个部分,但你未必每次都能说对。疗愈有可能是自发的,有可能持续的时间很长,它有可能像波浪那样到来,也有可能星星点点地到来,而且是以最意想不到的方式。允许它给你惊喜吧。

第 325 日

想要重新开始,你需要放弃那些你盲目地认为"貌似"行得通的做法,这样,你才能在未来的某一天,找到那些毫不费力地、水到渠成的事。想要重新开始,你需要放下那些拖住你的事,这样,你才能在未来的某一天,找到那些让你振翅高飞的事。想要重新开始,你需要放下那些"挺不错"的东西,这样,你才能在未来的某一天,面对面地与精彩得不可思议的生活相对。它是如此深刻,如此美好,几乎令你惊掉了下巴,而此前你从来都不曾想过,世上还有这样的活法。有时候,你被要求放下那些显然错误的事,但更多时候,你会被要求放下一些貌似正确的事,这样,你才能最终发现那个确凿无疑的"对,就是它"。

第 326 日

如果你出于直觉地跟随着内在的无声指引,也就是你自身中引领你的那个部分,迈出正确的一步,然后又是一步,你会发现,之前被你归结为人生中的"偶然事件"的事情,其实一点都不"偶然":它们把你塑造了成你注定成为的样子。日后,你会在回顾时领悟到,从某种程度上说,这条路程中的每一段都是被响应了的祈祷:你想要的东西,你需要的东西,再或者,是某些不可避免的、你必须要学着面对的东西。每一次转弯都在增强你的力量,在当时看来,那些方式可能是不可思议的,但如今你稳稳地站在这里,而且你的内在智慧比你察觉到的要深邃得多。有一天,你会看到这一切安排背后的意图。

第 *327* 日

请你简单地把手放在心口的位置，感受一下，真正地感受一下，什么信息想要被你接收到。上一次你这样做，是在什么时候？上一次你真诚地接受别人友善的夸奖，是在什么时候？上一次你真心地祝贺自己、嘉许自己，是在什么时候？我说的这些不止是刹那间的闪念，而是真正地反复琢磨、认真思考，就像你那么愿意来回琢磨自己的短处、总是认为自己不善坚持、不停思索更好的做法一样。上一次，你真心给予自己应得的嘉奖，是在什么时候？

第 328 日

最让你有动力继续向前的,莫过于意识到你已经走了多远。这也能让你以最快的速度重新意识到自身的力量。

第 329 日

当你害怕转错弯的时候,你其实是在假定,人生是一连串已被设定的事件,后续的进程能否展开,全要依赖你是否做了某个决定。这是对生命真正面貌的严重低估。生命是一种流动的能量,它会围绕着我们当下的状态,持续不断地自行调整方向。你认为是"命运"的事,只不过是蓝图而已,你之所以会不可避免地落在设定点上,不是因为它们存在于外部世界,而是因为它们镶嵌在你的内心。无论通过何种方式,你必定会把内在的真相展现出来,但这个方式是灵活的、可变的,它会顺应着当下的改变而改变。没错,你的内在有些东西是无论如何也会成型的,但你依然是一个拥有自由意志的人,生活在一个有无尽可能的星球上。你的灵魂设定了目的地,但头脑在为你规划路线。

第 330 日

很多时候,你无比确信自己离开了某样东西就不能活,但同时你也会感到,正是因为这样东西,你一天都忍不下去了。这是个很有意思的现象。这种依赖感并不意味着那件事、那个人或那个地方就是你的天命,也不意味着你想离开的想法是个错误。这意味着,你的一部分自我概念与那样东西紧密地纠缠在一起,以至于它在请求你的释放。你可以从这里开始:先修复那个部分的自己,也就是认定如果人生中缺失了那个转瞬即逝的因素就活不下去的那个你。一旦你回到稳固的大地上,"如何向前走"的答案就会渐渐清晰起来。

第 331 日

如果你改变了自己的行为,并且把新做法持续不断地践行下去,你会惊讶地发现,原来有那么多往事可以被原谅、被遗忘。

第 332 日

除了五年计划，你也需要制订未来一小时、一天、一周的愿景。如果你很清楚哪些事对你有益，你做哪些事会非常高产，并用这些事填满触手可及的未来，那么你必定会抵达一个非常有价值的地方，哪怕在眼下你还看不见地平线之外有什么。如果你学着诚实地面对自己，并且以这样的态度活在当下，有一天你必定会醒悟过来，发现自己已经充分沉浸在安宁平和之中，因为这正是你长久以来一直在练习的事。

第 333 日

当你有天醒来,并意识到人生的一多半已经过去,我希望你能睡个懒觉,起床后到花园去走一走;把你的长发散开,任由它垂到腰际;吃颗蜜桃,读本书,喝杯茶;让你的身体如它所是,没有一丝想要去改造或调整它的念头。我希望你拥有真诚的人际关系,拥有真正的朋友和真爱。我希望你做到了所有想做的事,我希望你能在居住的房子里走上一圈,感到它就是你的家。我希望你能珍爱这些年来收集的所有东西,我希望你的走廊像一个博物馆,展示出一个充实丰富的人生。我希望你心中感恩,我希望你感受到平和、轻松的幸福。我希望你不会花很长时间去考虑,由于选择了现在的人生,你可能错失了什么。我希望在每一个方面你都心满意足。

第 334 日

如果你认为改变路线是件丢脸的事,让你承受不起,于是就止步不前,那就想想看,要是你勇敢地跨过了这道坎,在对岸迎接你的人对你说,感谢老天,我以为你永远看不见这边的灯光了。想想吧,如果那个人就是你的内在小孩呢。

第 335 日

如果你人生的大部分时间都在奋力求生存,那么,能让你的身体涌起恐惧的事物就会特别吸引你。比如,你会以极高的水准要求自己,希望自己的精力、生产力和成长速度都高得不切实际。这其实是另一种形式的"求生存",只是换了个更漂亮的面具。如果让自己习惯闲适,那会怎样?如果可以不用"熬日子"的态度面对生活,而是享受每一天,那会怎样?如果不去力求完成每一项你认为需要做的事,因此耗费大量精力,而是把清单砍掉四分之一,那会怎样?如果疗愈的真意是重新教育自己,让自己相信,过一种缓慢、美好、充实、滋养的人生是不必感到任何愧疚的,那会怎样?

第 336 日

它的发生,要么是来教你尽情享受爱,要么就是来移走你眼前的障碍,让你清清楚楚地看见,爱已经降临到你身边。

第 337 日

一切改变,无论多么微小,都需要一段适应期。你整个人都需要习惯在新的频率中运作,因为无论你有没有意识到,你已经进入了一个新维度。你的人生旅程会充满各种各样的新起点,因此,当你抵达一个新起点,就敞开怀抱迎接它,安处于其中。将你的过去冲刷得一干二净,然后重新开始;放手,放手,放手,然后从这个全新的有利地点、全新的故事线开始,重新学习生活。勇敢地跃入面前的崭新情境中,然后不断地跃迁,直到从完全的未知之中,塑造出家一样舒适的感觉。

第 338 日

你最伟大的贡献未必是你做了什么事,更多时候,是你成为了怎样的人。

第 339 日

旧自我不会刹那间烟消云散,消失于虚空,它需要你去释放,而且过程往往艰难又漫长。每当你闭紧嘴巴,将感受压抑下去的时候,你必须哭出来。你必须把每一个心魔亲自送往门口。这才是改变的真正含义:不仅要离开无法继续支持你的事物,还要解构不再适合提携你继续前行的身份,然后在原位建立一个全新的。

第 340 日

有时候,令你感觉很好的事物不一定对你真有好处;有时候,令你感觉不好的事物其实是你真正需要的。在人生中,你需要做到兼而有之:抚慰你的,和向外扩展的;滋养你的,和实现目标的;你想要的,和你必需的。两者缺一不可。你既需要不断巩固已经为自己打造出的生活,也需要愿意超越它,不止是向外拓宽,也需要向内深探。开辟一条深入内心的、犹如归家的道路。

第 *341* 日

一生中你最渴望爱的时候，莫过于你自身最缺爱、也最不懂得爱自己的时候。看上去，爱似乎是降临到我们身边的某种迷恋和执念，它令我们深信，自己确实有着神圣的美好。但实际上，爱是一种同频，是我们自身神圣美好的外在表现遇上了另一个人的，然后两者融合成为一种动人的形式。你在他人身上看到的出色特质，往往是你内在具备的出色特质的延伸。我们渴望在外部寻找到的爱，基本上都昭示着，我们需要更加彻底地唤醒蛰伏在内心的爱，然后真正地看见它。

第 342 日

着重拓宽关系的深度,而非广度。你置身众人之中,却发现自己比以往任何时候都孤独,都难以得到理解,这是完全有可能的。真正重要的,不是你随时能召集到多少人围到身边,而是你与这样的人共度过多长时间:能够真正看见你的人;重视你、愿意把你摆在第一位的人;给你的感觉就像是"你主动选择的家人"的人。

第 343 日

人生使命不是某种需要你解锁或解码的神秘召唤,而是你从自己的激情、愿望和灵感中挑选出来的东西。人生使命不是某天突然降临到你头上的,而是你从深深的内在中提炼出来,并日复一日地践行的。

第 344 日

如果你还没有抵达想去的地方,那就去寻找那些已经站在你向往的地平线上的人。时常与那些你敬仰的、信任的、奉为榜样的人为伴。在很多时候,你的成长是通过"渗透作用"实现的,也就是说,你在不知不觉间吸收了身边人的特质和思维模式。如果你还没有抵达想去的地方,就与那些已经抵达的人为伴。这会照亮你的道路。

第 345 日

当你爱上一个人,曾经的陌生人变成了你的伴侣。当你精心照料一所房子,它变成了家。当你运用自己的天赋,它们成为你此生的使命。当你稳住了心神,你发现了内在的安宁河流。别人告诉你,要到外在去寻找、寻找、寻找,可真正把你承托住的,是你用生活中最简单的元素做成的东西。你想寻找的,正是你注定要去创造的。

第 346 日

当你的自我概念改变了，你看待自己的方式将会不一样，你说话的方式将会不一样，你爱的方式将会不一样。世界也将会以你看待自己的方式来看待你。你的自我概念是一切的根源，是终点也是起点，是你一切人际关系萌发的源头。你欠自己一个肯定，一个嘉奖。你欠自己一个承诺：成为你一直渴望成为的人。

第 347 日

有时候,你最深切的愿望会延迟实现,这是有可能的。这不是因为它们注定不属于你,这恰恰是因为,它们注定属于你,因此你需要做好准备。如果你还没有准备好,它们到来后也会飞快掠过,因为你的容器还不够大,没法承载得住,没法看清眼前的东西。有时候,在你至关重要的成长期,你最深切的愿望会延迟实现,这是有可能的。这不是因为上天在决定它应不应该实现,或是该何时实现,而是因为你的潜意识在作出安排,它知道此时还不是时候,不该让你面对一件如此耗神、如此需要雕琢的事物。当你抵达了合适的位置,你就会准备好了,因为你掌握住了自己这艘船的舵轮。你就是决定自身命运的那个人。

第 348 日

此时在你看来是真实的东西,未必会永远为真。你不是你在这个世间具备的状态,你是存在于双眼背后的意识,可以吸收、阐释和感受双眼所见。你是一个动力场,你是从另一个世界来到这个世界的访客。你是你看见的色彩,是拨动你心弦的琴弦。你有神性,你亦是凡人;你既空无一物,也包罗万象。如果你学会从条条框框之外来定义自己,就会找到某种自由。你的价值感不再与"你认为你拥有(或没有)的东西"挂钩,也不再与别人如何看待你相关。你不是你握住的东西,你是握住它们的那双手。这个区别就是关键所在。

第 349 日

大自然是最后一根真实存在的线索,能将你与你的源头、你的原初、你来自的(也是你必然要归去的)那个空间连接起来。这就是为什么夏日的微风充满了怀旧的气息,为什么树木能令你感到内心重归平衡;这就是为什么大自然会引发人如此强烈的敬畏心,又具备如此强大的疗愈力。它并没有与你分离,是你用各式各样来自人类世界的墙壁和材料把自己与它隔离开了。但是,不必永远如此。自然会召唤你回到那个你已经忘却的来处。

第 350 日

想要证明自己的冲动并不会提升你的自我价值感,反而会慢慢地消磨它。这种心态令你不断追求"只需再多一点",好证明你和其他人一样,待在正确的群体里,拥有正确的东西,走在正确的道路上。它不来自于一个能萌发出各种美好事物的地方,它来自的那个地方总是拒绝美好的事物,总是假定你拥有的还不够多。我们之所以要向外界寻求肯定,是因为我们在自己的心和感受之外修筑起一道围墙,令我们的亲身体验变得麻木。一点点地拆掉那道墙吧。你的生活越是令你感到满足,你就越不会在意别人的眼光。

第 *351* 日

你可以如休息般轻松自在地成为注定要成为的那个人。你可以像呼吸般从容自然地把最高潜能发挥出来。你还可以安然地躺在阳光之下,它会以自己的方式改变你。你可以把泡一杯茶当作今天最重要的任务,而这会带给你某种重要的启迪。你必须放弃这种想法:有意义的事必定要付出艰苦的努力,也必定意味着向前推进。有时候,正是因为你终于学会了静止不动,你的整个宇宙才再度回到光明之中。

第 352 日

当你不能接纳自己的感受时,就会特别在意别人对你的看法。说服外界相信你既自信又自由,其实相当容易,但真正做到这两点,就要经历一个更加深入内心的过程。这需要你拿出无穷的勇气,因为最艰难的,莫过于让心中被压抑已久的痛苦穿过自己,吸取需要学习的教训,并且带着"光明的日子在前头"的信念迈步向前。没有什么比这更艰难、也更重要的了。

第 353 日

你的任务不是去追赶机遇。而是去决定,当机遇来敲门的时候,一个怎样的人会去迎接它。

第 354 日

或许,你为自己的人生制订的计划建筑在儿时的认知上,也就是儿时的你认为什么东西能让自己感到安全。你不再是小孩子了,你需要的东西不止是安全感。你需要获得自由。

第 355 日

不是每一段关系都必须地久天长,结束未必意味着失败。有时候,它标志着完成。有时候,它标志着成长。有时候,它标志着美好。有时候,它标志着最为真挚的爱——愿意让另一个人去追求那个召唤他的人生。

第 *356* 日

延迟会保证你在刚刚好的时机抵达。迂回能把你带回自以为错过了的地方。破碎的心教会你如何爱自己。失败唤醒了你的韧性。夜晚令你领悟到白天的意义。

第 357 日

你对更深刻、更生动的人生体验的渴望，正是最清晰的信号，说明你注定要把那些渴望变成现实。这是最真实的信号，说明你注定要追求那个级别的生命，那是你的心深切向往的东西。响应这种召唤可不是件容易的事：它需要你做出牺牲，面对挑战，实现成长。它需要你心怀宏大的愿景，拥有坚定的自我信念，而那般的宏大与坚定，远超绝大多数人所能设想的。它需要你自律，需要你有力量。它需要你交出所拥有的一切，而它返还给你的，将远远超出你认为你想要的。它就是你来到世间的意义。

第 358 日

我希望你找到勇气,在需要之时能够转换路线。我希望你永不会让小我将自己留在一条明知不适合自己的道路上。我希望你明白,人生原本就不会走直线,而且我们绝大多数人都害怕得不敢承认这一点:自己耗费了那么多时间在身边修建起来的东西,用的素材都是来自他人的、陌生梦想的碎片。你需要拿出莫大的勇气和力量,将之尽数散入虚空,然后重新开始,去修建一个简单又完美的、专属于你自己的人生。

第 *359* 日

通向你渴望之地的旅程往往是独一无二的,也是出乎意料的。你会遇到从不曾预料到的转弯,还有令你认定自己全盘皆错的迂回。在前所未有的迷失感中,你以为自己离地平线比从前更远,但你没有意识到的是,每过一个小时,你都离它更近。这就是活着的神秘之处。由于延迟,你在恰好的时间抵达。由于迂回,你被带回到自以为错过了的地方。由于心破碎了,你学会了如何去爱。阳光会在一个特定的钟点照亮你的人生,而你会分秒不差地到达那里。相信你走过的轨迹。在表面之下,有远超出你理解范围的力量在运转。

第 *360* 日

你的实力、优势与幸福感是驻扎在你体内的力量。它不存在于往事之中,不在他人身上,不依赖某个特定的机会或体验。你发现欢悦、意义、释放出纯爱的能力也始终驻扎在你体内。其余的都是思维的游戏,是激活的过程,也是一段旅程,这段旅程让你认识到,你向外寻求的一切,都一直在内心中等待着你。把心中的爱献给你自己的人生,尽你所能地去看见。这会改变一切,永远改变。这会引领你去一个更辽阔、更完美的地方,其程度远超过你最大胆的梦想。

第 *361* 日

重点不在于你能更加细致入微地思考人生的复杂性,而在于你能安安心心地读一本书,不必总想着抓起手机。你能在大自然中坐下,除了天上的浮云之外,不让任何事物掠过心头。你能平和地接纳每一天原本的样子。你能改换想法,不再认为"事情应该不是这样"。你既能接受当下,同时又能为未来做出规划,这是一个极为微妙的平衡。你能真正去体验事物,而不是只会在头脑中预期。你能充分投入其中,投入一切体验,高峰,低谷,以及峰谷之间的一切。你终于能够真正地生活,真正地存在。

第 362 日

人生会让你臣服。有时通过痛苦,有时通过美,有时双管齐下。它卸掉你的防御,也给你机会去爱。它将奇迹掩藏在最平凡的时刻中。它令你的心伤痕累累,直至在碎裂中敞开。它将慢慢地教会你,它不在外面,而在内在。一切全在内在。它可能会慢得令你无法忍受,也会快得超乎你的想象。它会引领你去往意料之外的转弯,那些转弯最终交织成你的命运,而你将学会信任。你将学着摒弃层层的幻象,逐渐看清自己灵魂最深层的渴望。

第 363 日

有一天，事情可能会来不及了。你来不及告诉他们，你爱他们。来不及重新开始。来不及去做那些你心心念念想做的事。所以现在就去做吧，尽快去做，因为没人能保证明天一定会到来，那不过是我们为了维持神志清醒而做出的假设。我们不得不相信还有很多个明天，这是因为，要是真的没有明天了，每个人都会去疯狂追逐那些能点燃心中火焰的东西。或许这就是问题所在。或许我们每个人都需要更加充分地活在今日的可能性里，而非对明日的许诺中。

第 364 日

你应该去大胆追求它们,那些傻里傻气的小梦想。所有那些让你夜不能寐、令你的心跳加快了一点、让你不停地想着"万一呢,万一我还能做到更多"的小事。它们挑战你,缠着你,不肯放你走。可不要在走到人生终点的时候,依然把它们闷在心里。

第 365 日

我希望你选择一个能够激励你的人生,而不是终日懒洋洋地假想着,有朝一日一切会神秘地实现。我希望你能积攒起勇气,我希望你做出令你自豪的选择。当你发觉,如果心处在恐惧中,哪怕是最小的步伐看上去也像是最大的跨越,此时,我希望你不要退缩。我希望你能从恐惧之下发掘出自身最美好的部分。我希望,对于那些你想在外部世界中寻找到的爱,你能让它们从你的内心中萌发出来。我希望你能肯定自己,嘉奖自己。我希望你能相信变化,因为它必然会发生。我希望你能放开手,允许自己被引领到命运之中。我希望,你能改变你的人生。